本书得到东北师范大学文学院资助

东北师范大学文学院
文昌论丛

Northeast Normal University

孙琳 著

海派文学的历史转型（1927—1937）

中国社会科学出版社

图书在版编目(CIP)数据

海派文学的历史转型:1927-1937/孙琳著.—北京:中国社会科学出版社,2020.12

(东北师范大学文学院文昌论丛)

ISBN 978-7-5203-7596-2

Ⅰ.①海… Ⅱ.①孙… Ⅲ.①海派文化—研究—近代 Ⅳ.①G127.51

中国版本图书馆 CIP 数据核字(2020)第 248618 号

出 版 人	赵剑英	
责任编辑	郭晓鸿	
特约编辑	张金涛	
责任校对	朱妍洁	
责任印制	戴　宽	

出　　版	中国社会科学出版社	
社　　址	北京鼓楼西大街甲 158 号	
邮　　编	100720	
网　　址	http://www.csspw.cn	
发 行 部	010-84083685	
门 市 部	010-84029450	
经　　销	新华书店及其他书店	

印　　刷	北京明恒达印务有限公司	
装　　订	廊坊市广阳区广增装订厂	
版　　次	2020 年 12 月第 1 版	
印　　次	2020 年 12 月第 1 次印刷	

开　　本	710×1000　1/16	
印　　张	13.5	
插　　页	2	
字　　数	135 千字	
定　　价	78.00 元	

凡购买中国社会科学出版社图书,如有质量问题请与本社营销中心联系调换

电话:010-84083683

版权所有　侵权必究

目　录

"文昌论丛"序言 …………………………… 李　洋（1）

绪论 ……………………………………………（1）
  一　问题的提出 ………………………………（1）
  二　相关研究现状 ……………………………（4）
  三　选题意义及价值 …………………………（14）
  四　研究目标、基本思路和研究方法 ………（15）

第一章　从"海派"命名再出发 ………………（17）
  第一节　"海派"概念的历史多面性——重识
　　　　　"京海之争" ……………………………（19）
  一　一种进入论争的方式：《文人在上海》 ……（20）
  二　"商业竞卖"与"名士才情"的辩难 ………（26）
  三　一个被省略的"注脚"："何徐事件" ………（30）

四　一个被忽略的语境：小品文的复兴 ……… (34)

　第二节　"命名"之争——兼论海派文学研究的

　　　　　基本范式 ……………………………………… (40)

　第三节　"历史化"如何可能？——海派文学研究与

　　　　　作为问题的20世纪30年代 …………………… (47)

第二章　遭遇"革命"：海派作家在1928年 ……… (51)

　第一节　"转换方向"后的张资平 ……………………… (53)

　　　一　对国民革命的摹写 …………………………… (56)

　　　二　"革命文学"的试笔 …………………………… (61)

　　　三　转向后的"尴尬"——兼及《青春》

　　　　　被湮没的始终 …………………………………… (63)

　第二节　新感觉派同人的左翼文学实践 ……………… (67)

　　　一　左翼文学的创作选择 ………………………… (67)

　　　二　"戏仿"抑或"真诚" …………………………… (68)

　　　三　"文坛三剑客"的"赤色岁月" ………………… (70)

　第三节　革命"叫卖"——革命文学论争中的创造社

　　　　　"小伙计" ………………………………………… (78)

　　　一　"海派"是"革命文学"阵营的主导部分之一 …… (79)

　　　二　从《幻洲》到《戈壁》《战线》 …………………… (81)

第三章　分疏聚合：海派作家与文艺论争 ……… (85)

　第一节　《叛徒》的时代境遇——从一个角度看

　　　　　"第三种人"论争之后的杜衡 ………………… (86)

一　批评界的"冷遇"……………………………（88）
　　二　革命的"情意结"…………………………（93）
　　三　"一个被背叛的遗嘱"——《叛徒》与"瞿秋白事件"的互文 …………………………………（96）
第二节　《庄子》《文选》之争中的施蛰存 …………（109）
　　一　四面"突围"的"集团意识"………………（110）
　　二　"语文观"的殊途 …………………………（114）
第三节　穆时英的接受语境与文艺大众化运动 ……（124）
　　一　"当逢其时"：文艺大众化运动的"范本"……（125）
　　二　"二重人格"与"红萝卜剥了皮"……………（128）

第四章　情色女体的生成：海派文学的叙事转移 ……（131）
第一节　日常化情欲的指归——叙事主题的偷换 ……………………………………（132）
　　一　对"社会—反抗"主题的偷换 ………………（133）
　　二　两性之爱的"乌托邦"演绎与日常困境 ……（141）
　　三　"娜拉走后"的三种结局 …………………（145）
　　四　虚置的"革命"………………………………（150）
第二节　日常情境中的激情女性——叙事重心的转移 …………………………………（154）
　　一　日常情境中的激情女性 ……………………（154）
　　二　女性形象的情欲化书写 ……………………（159）
　　三　女性形象的妖魔化书写 ……………………（167）
第三节　想象中国的新途径 …………………………（172）

  一 日常生活的重建与情欲的极致想象 ………(173)

  二 激情女性与女性形象的改写 ……………(175)

结语 ……………………………………………………(181)

参考文献 ………………………………………………(187)

附录 ……………………………………………………(199)

  附录一 "京海之争"相关史料目录(1933年10月至

     1934年5月 1935年4—5月)…………(199)

  附录二 《庄子》《文选》之争相关史料目录

     (1933年10—11月)……………………(203)

致谢 ……………………………………………………(206)

"文昌论丛"序言

论丛以"文昌"为名，有以说也。

其一，文昌路是目前东北师范大学文学院的坐落之所。二〇〇九年，应学校整体规划的调整要求，文学院奉命从据守二十年（一九八八—二〇〇九）的"红楼"搬迁至文昌路这座小院的三栋旧楼。学院里年长一点的先生们都记得，这里本是中文系的旧地，中文系历史上最辉煌的时候就这里缔造的。故以"文昌"为名，为了纪念文学院的沧桑历史、纪念曾在这里创造不息、为我们留下宝贵遗产的前贤们。

其次，常有同仁说文昌路是文学院的"福地"。此番搬迁，当时只道是"暂厝"，不意倏忽又六年。综观文学院的历史，重回文昌路这段时期，学院在全院教师的共同努力下，学科发展走上了复兴。而"文丛"中的作者，多数是这段时期入职学院的。从学校规划来看，文学院迟早要离开文昌路。取"文昌"之名,也有意铭记这段时期里新老学人团结进取、急起直追的历程。

最后,从字面意义上,"文昌"寄寓着文化昌明、文学昌盛、文章昌茂、文运昌隆等意涵,故以"文昌"命名丛书,代表我们对文学院、对东北师范大学、对中华文明的祈愿。

东北师范大学文学院的前身,是中国共产党在东北建立的第一所高校——东北大学的国文系,从一九四六年至今,她已走过了七十年。七十年中,历代学人在这片沃土上耕耘奋斗,把文学院建成了人文学术与教育的关外重镇,在国内有着较高的影响力。

十年前,在建院(系)六十周年之际,学院组织出版了《东北师范大学文学院语言文学论集(一九四六—二〇〇五)》,这部煌煌一百四十万言的大书,为院史上最重要的成果进行了文献总结。去年,王确教授开始主持编选"东北师范大学文学院学术史文库",把学院历代学人的学术代表作重新编订,统一装帧出版,首批出版著作十种近三百万字,这些都展示了这座古老学院的丰腴成就。近年来,文学院有了许多新的气象和变化,"文昌论丛"必然是这一页历史的见证之一。这套书首批推出八部著作,与历史巡礼式的文献编纂和学术史文库式的代表作展示的思路不同,"文昌论丛"着力助推新生代学者。丛书的诸位作者,年龄最大的四十岁,最小的三十二岁,半数以上属于"八〇后学人",而且其中绝大多数是在最近三年才加盟文学院，他们的才思与文笔代表着文学院的未来。近年来，文学院形成了一种共识：前贤们深厚的积淀是我们事业发展的土壤，但未来的持续发展，要依靠源源不断的新生力量。这个共识正在逐渐升华为一种"尚少"的文化：无论从观念上，还是从管理上（比如科研奖励向青年教师"倒挂"的激励机制），学院都有意向年轻人倾斜，以期更快更好地促进青年教师成长，以承担起文学院的未来。这一文化已在文学院近年的发展实践中产生了积极效应，在校内外产生了良好反响。当然，我们知道，若没有文学院这些前辈和中年学者们的理解与支持，就不可能培育和形成这种文化。"文昌论丛"的推出，既受惠于这一文化，反过来也验证这一文化，并丰富它的内涵、为它积累经验。集中推出三十多岁青年教师的著作，这在东师文学院历史上还是首次。正是在这一意义上，我们希望这套论丛能兼具"导夫先路"的作用：随着目前新生代的持续成长，以及未来新生力量的不断融入，论丛会不断增加品种、扩大规模，最终形成我们的学术品牌。

"文昌论丛"是文学院青年一代学人的检阅。从作者的学缘结构来说，他们分别在法国戴高乐大学、中国社会科学院、清华大学、南开大学、吉林大学、东北师范大学等学校和科研机构取得博士学位，这反映了学院目前的师资学缘构成更趋向于多元化，人才结构上的新变及其背后蕴含的开放和包容精神，必定对文学院的发展产生积极的促进作用。从学科角度看，"论丛"涵盖古典文献、语言学、古典文学、近现代文学和文艺美学，基本囊括了文学院的主干学科。从研究水准来说，由于多数是以博士论文为基础形成的专著，经过了严格遴选，并非一般性概论或入门式作品，所以都聚焦于学科的前沿问题，形成许多独具个性的观点。

东北师范大学社科处为丛书的出版提供了有力支持，学科建设办公室提出了指导建议，王确、刘雨两位老师对丛书的出版非常关心，徐强、陶国立为丛书的策划出版做了许多实际的工作，这套丛书在不同出版社统一装帧出版，各家出版社的责任编辑对丛书给予了极大的理解和支持，在此一同表示谢意。

必须指出，丛书中的多数著作是作者的第一部书。起步之作，难免稚嫩，深愿学界高明之士能够有以教诲。你们对这些著作及作者的批评与指教，就是对东师文学院的莫大支持。我在东师文学院求学七年，回国后又在这里工作七年，人生中许多重要经历都与这里难解难分，我从中受益良多，也承担了师友们的许多期待，实乃人生中之幸运。藉此机会我想向这座学院和老师们表达由衷的敬意，也想以"戒骄戒躁"四字，与各位青年学者共勉。生有涯，学无涯，学问之路正长，这只是一个起点，我们还要日进、日进、日日进，方能不负时代，不负前贤。

李　洋

二〇一五年四月十日

绪 论

20世纪90年代以来,随着现代性和城市文化视角的引入,海派文学/文化研究成为热点。从最初的为海派"正名"到对新感觉派作家的深入研究,从对张爱玲海派特质的挖掘到对一些边缘作家的打捞,海派文学研究已经初步确立了自己的作家谱系和研究维度。目前学界对于海派文学的代表性作家研究已经相对深入和丰富,为了在更开阔的视野中展示海派文学的全貌,有必要溯源而上,将问题引入"发生学"研究。

一 问题的提出

20世纪20年代末,经过近十年的准备和酝酿,中国新文学的长河急速分流,进入流派林立、风貌多样的发展期。海派文学即形成于斯,它与左翼文学、京派文学一同构成了这一时期新文学的基本形态，它们之间的互补和抵牾对后来的中国现代文学发展影响深远。①

1. 海派文学的"变异转型"

20世纪20年代末到30年代是海派文学的"生成期"。四面奔转而来的海派作家散落在沪上文坛的各个角落，他们悬置道德，耽美颓废，将伦常日用排比而出，对饮食男女津津乐道，一面享受最现代化的器物环境，在情天欲海中恣意汪洋，一面又对城市的莫测和历史的终结时时怀有隐忧。他们对物质的迷恋，对细节的铺陈，实用主义的态度和惶惑的历史意识在40年代的张爱玲、苏青那里都得到了继续，海派文学终于独树新帜，找到了一个以"微景观""小叙事"为特征的"小说中国"的路径。然而这样的"异质性"书写是如何生成的？与旧派文人有着根本的不同，无论成长经历、教育背景，还是书写语言，海派作家都可视为"新文学"的子嗣。及近30年代，新文学的众子或投身学院，或持守启蒙，或转向革命，而海派作家则选择了"下海"，这一选择某种程度上造就了他们后来的"海派"身份。他们大体还属于纯文学作家，不同于今天的"消费写手"，除了商业利益之外，是否还有其他动因促成了这样的选择？他们的"海派"身份是如何生成的？他们异于京派文学和左翼文学的书写特征与这样的身份有怎样的关联？

---

① 有关三种文学形态的互动影响，见王富仁《河流·湖泊·海湾——革命文学、京派文学、海派文学略说》，《中国现代文学研究丛刊》2009年第5期。

如果说历史是由一个个关节点构成，那么如同五四新文化运动之于中国现代文学，张资平、叶灵凤等人也为海派文学开启了"自我变异"的历程。这种"自我变异"是通过怎样的叙事策略完成的？它究竟在多大程度上获得了五四的灵魂？它如何在"获得某种新文学性"的同时[①]，沿着其自身的叙述方式开辟一条不同于五四新文学的想象中国的途径？这种"变异"给海派叙事带来了什么？无论这种"更新"是有意的还是无意的，是完整的还是破碎的，对于新文学史以及海派文学自身，都是值得探究的问题。

2. 20 世纪 30 年代的"阶级话语"

1932 年晚秋，《东方杂志》向全国各界知名人物遍发通启，邀集读者来"做梦"，请大家投稿谈理想的中国、理想的个人生活。截至 12 月 5 日，已经收到 160 余封稿件，共 244 个梦。1933 年的《东方杂志》新年特辑将这些大大小小的"梦"全部刊登。在众多的有关未来中国的梦想中，"没有剥削、没有阶级"是个关键词。从裕丰纱厂的工人，到柳亚子、谢冰莹等知识分子都共享了"一个没有剥削、没有阶级的社会主义的大同世界"，阶级话语的深入人心由此可见一斑。

20 世纪 30 年代"政治性"的一端即表现为"阶级话语"的广泛传播，虽然屡遭封禁，但世态人心的向往需求

[①] 吴福辉：《都市漩流中的海派小说》，湖南教育出版社 1995 年版，第 65 页。

与左翼文学毫不掩饰的政治诉求互为表里,声势浩大。与学院派知识分子的意属偏安不同,海派文人不乏龃龉争锋的热情,他们如何应对左翼文学的共时语境?城市的声光化电和现代主义的先锋颓废的俘获背后是否也有政治上另取一端的考虑?如果说他们多取"政治上左翼,文学上的自由主义"的行动主张,又如何解释后来诸多海派作家的附逆和落水?在一个高度政治化的年代,文学是否真的可以做到"去政治化"的选择?

本书以左翼文学作为主要参照,将海派文学的生成放入一个极具政治性的语境中进行考察,有助于凸显海派文学的流动性,突破对海派文学的平面认识,加深对海派文学"去政治"的政治化特征的理解。

二 相关研究现状

"海派"作为一个后设指称,学界对其界定仍有争议。[①]对这个地域文学概念,学界大体有两种看法:一种倾向从叙事传统、文化姿态角度,将"海派"看作以晚清《海上花列传》为开端的,具有独立叙事传统的文学叙事流脉(王德威、姚玳玫等学者都作如是观)。另一种立足于新文学的发展脉络,着眼于"海派"的"现代质",认为"不具

[①] 文学史上从未出现过一个自觉以"海派"为名的,有共同风格追求的文学团体或作家群落。"海派"最初是个带有贬义的"他者"命名,主要对应的是商业、媚俗的文化姿态和游戏、追新猎奇的创作心态。

备现代质的前洋场文学"严格地讲都不能称为"海派",因此这样的"海派"要从 20 世纪 20 年代末期算起。① 本书采取第二种界定,即本书所指的"海派文学"特指 20 世纪 20 年代末从五四新文学中分流出来的文学形态,海派作家对应 20 年代末以来具有现代意识的,主要操白话文创作的作家。

与这种界定相对应的海派研究分期大致是 20 年代末 30 年代初、30 年代和 40 年代。② 目前学界的研究集中在对后两个时段代表性作家的探讨,对第一阶段代表性作家研究较少。而就海派叙事而言,它与同时代的五四文学和革命文学拉开距离,保持了海派文学自身的叙事惯性,它所开启的叙事主题和叙事模式,为后来的海派创作提供了可资借鉴的经验。因此对这一时段文本的研究就海派叙事而言具有"发生学"、关节点的意义。

鉴于特定的研究目的,本书涉及的作家大体符合以下两方面的考虑:其一,他们是目前基本被公认的海派作家。其二,他们大体活动于 20 年代末至 30 年代的海派"变异转型"期。因此这些作家主要包括以写"三角恋爱"小说著称的张资平、兼有"先锋""通俗"两副笔墨的叶灵凤、性爱写手章衣萍、推崇"唯美—颓废"思潮的章克标以及后来的新感觉派同人等。以下主要就与此相关程度较高的海派作家、作品的研究情况做一简要梳理。

---

① 参见吴福辉《都市漩流中的海派小说》,湖南教育出版社 1995 年版,第 3 页。
② 由于海派并非一个统一的文学流派,在它的命名之下,作家创作风格多样,难以统一规划。除了文中的主要代表作家,还有黑婴、禾金,"新浪漫派"的徐訏、无名氏等。

1. 张资平的相关研究

张资平在中国现代文学史上一直是位极具争议的作家。在他最走红的年代既有众多读者的拥护，也有来自文学队伍的严厉批评。其中以鲁迅的批评最为辛辣。鲁迅对张资平的定位是"三角恋爱小说家"，并将其创作总结为一个"△"。① 同样是描写性爱的小说作家，沈从文对郁达夫与张资平的评价迥然不同。沈从文站在精英主义的立场，对张资平通俗化、商业化的文化品质予以抨击。② 苏雪林虽然承认张氏作品的叙事魅力，称其"文笔清畅，命意显豁，各书合观结构虽多单调，分观则尚费匠心。他是以'为故事而写故事'为目的的，所以每部小说都有教人不得不读完的魔力"③，但仍以负面评价为主，对其基本定位并未突破"多角恋爱小说家"。虽然当时也有李长之等人较多地注意到张资平的正面价值，认为他抓住了中国现代青年的婚姻问题；从小说语言的变化上肯定他"是开始用流利的国语写新小说的人"④，但这一时期的评论者大多诟病其性爱题材的泛滥、媚俗的文学倾向、雷同的故事情节。负面评价长期占据主流，张资平因此而被文学史叙事长久地遗忘，这种现象一直延续到新时期。

---

① 鲁迅：《张资平氏的"小说学"》，《鲁迅全集》第4卷，人民文学出版社2005年版，第235—137页。
② 沈从文：《郁达夫张资平及其影响》，《沈从文全集》第16卷，北岳文艺出版社2002年版，第187—194页。
③ 苏雪林：《多角恋爱小说家张资平》，《青年界》1934年第6卷第2号。
④ 李长之：《张资平恋爱小说的考察——〈最后的幸福〉之新评价》，《李长之文集》，河北教育出版社2006年版，第271—298页。

20世纪90年代以来,文学界出现了对启蒙文学观的质疑和反思,很多尘封已久的文学类型开始浮出水面。多元文学观的出现,使张资平的小说出现了被重新评价的可能。在通俗文学研究热的带动下,有了从市民小说史链条上探讨张资平小说创作的研究,如曾华鹏、范伯群的《论张资平的小说》[①],徐肖楠的《张资平:20世纪中国市民小说的最早尝试——略论张资平及其情感幻想小说的历史意蕴》[②]。这些讨论跳出"三角恋爱小说家"的定位,在通俗文学的向度上对张资平的特殊意义给予肯定。

20世纪90年代至今对张资平小说的研究多集中在探讨其性爱主题的价值形态上,具有代表性的是张福贵的《人性主题的畸形呈现——张资平小说性爱主题论之一》[③],《人类思想主题的生命解读——张资平小说性爱主题论之二》[④]。他看到了张资平性爱小说与同时代的"革命小说""有着共同的生活基础和情感逻辑",从个性解放和新道德的描摹和建构方面进行分析,在问题的认识上有一定的突破,但基本上还是从道德伦理的角度切入,只不过道德伦理的标准发生了新的变化。同时,对张资平小说中的三角四角恋爱模式问题,相关研究有些简单和草率,文本细读不足。

---

① 曾华鹏、范伯群:《论张资平的小说》,《文学评论》1996年第5期。
② 徐肖楠:《张资平:20世纪中国市民小说的最早尝试——略论张资平及其情感幻想小说的历史意蕴》,《华东师范大学学报》2000年第1期。
③ 张福贵:《人性主题的畸形呈现——张资平小说性爱主题论之一》,《文艺研究》2004年第5期。
④ 张福贵、马丽玲:《人类思想主题的生命解读——张资平小说性爱主题论之二》,《社会科学战线》2005年第6期。

受"文化研究热"和女性主义理论的影响,张资平研究中也出现了少量借鉴其研究思路重新阐释张资平的尝试。如杨剑龙的《论张资平的小说创作与基督教文化》① 和巫小黎的《女性欲望与男性权威的建构:张资平恋爱小说的叙事模式及其文化阐释》②。

总体来说,虽然张资平已逐渐摆脱"失语"的处境,为部分研究者关注,但整体看来,其原始资料仍然比较缺乏。无论是以创造社元老的身份,还是以海派作家的身份,张资平的研究资料始终没有出版,至今未有一套完整的张资平文学作品集,不能不说这是基础文献方面的一种缺失。迄今为止只出版了两本评传性的研究专著(鄂基瑞、王锦园的《人生的失败者——张资平》和颜敏的《在金钱和政治的漩涡中——张资平评传》),对其作品进行专门论述的著作则始终未见。在研究对象方面,虽然也有零星论文涉及其思想倾向与地域文化和基督教影响,但大多数研究仍集中在对其性爱主题的剖析,研究视野稍嫌狭窄。就研究方法而言,出现了少数文化研究、女性主义角度的论文,但仍显单一。总之,张资平的研究尚缺乏基础史料的发掘和多向度的讨论。

2. 叶灵凤的相关研究

与张资平相似,对叶灵凤研究也经历了一个长期被遮

---

① 杨剑龙:《论张资平的小说创作与基督教文化》,《齐鲁学刊》1998年第6期。
② 巫小黎:《女性欲望与男性权威的建构:张资平恋爱小说的叙事模式及其文化阐释》,《湖北民族学院学报》2000年第2期。

蔽的命运。对叶氏最早的评价，大约是郑伯奇在编选《中国新文学大系·小说三集》时将叶灵凤的《女娲氏之余孽》选入大系，并将其与白采的作品进行对比分析，称叶灵凤"所注意的是故事的经过，那些特殊事实的叙述颇有诱惑的效果。所以白采的作品比灵凤的深刻，而灵凤的小说比白采来得有趣"①。但在传统眼光看来，其作品带有某些固有的缺陷，又因他在20世纪20年代末的革命文学论战中与鲁迅交恶，叶灵凤一度被评论者定性为"才子流氓"类作家，中华人民共和国成立后更被冠以"汉奸文人"的称号。诸种原因使其作品长期被排除在文学史之外，为现代文学研究者忽视（对叶灵凤作品有所注意的，是同时代政治上相对比较中立的作家，如沈从文、戴望舒等）。直至80年代，伴随"重写文学史"的浪潮和现代文学研究领域的进一步拓宽，叶灵凤重新回到研究者的视域。但大多数是在谈及海派、新感觉派、现代主义、浪漫抒情作家、情爱小说家或二三十年代的文学现象时提及叶灵凤的作品、风格，稍显简单，有些论文简单地将叶灵凤的部分小说评价为"性爱小说"。可喜的是，也出现了一些专门研究叶灵凤的文章。评论者们试图就其写作风格、作品的美学意义，其笔下青年男女的思想追求、反封建性等方面重新审视叶灵凤的小说，还其以文学史中正确的位置。虽然这类批评文章数量不多且时或有流于片面甚至过度抬高的地方，但毕竟

---

① 郑伯奇：《导言》，《中国新文学大系·小说三集》，上海文艺出版社1981年影印本，第21页。

对文学史研究某些方面的不足有所填补。

这一时期,还出现了《叶灵凤与弗洛伊德》①《叶灵凤与现代消费主义文学》②《论叶灵凤小说的"颓废"意识》③等论文。一些现代文学研究专著,如《中国现代小说史》(杨义)、《海派文学论》(许道明)等,也对叶灵凤的作品予以关注。与此同时,出现了少量涉及叶灵凤及其创作的硕士论文,将其和郭沫若、郁达夫、张资平等人进行比较研究。

3. 章克标、章衣萍的相关研究

比起张资平、叶灵凤,章克标和章衣萍的小说创作更少被文学研究者关注,对他们的个案研究很少,目前只有罗俊华的《章衣萍论》④ 试图从海派文学的角度探讨章衣萍的创作。这与他们的实际创作情况有关,两位作家的小说创作期都比较短,后来都转向散文或杂文创作。因此许道明的《海派文学史》虽然将二人列入海派文学"风景线",但更关注他们的散文、杂文创作。⑤ 另外,他们与当时的文坛名人交往频繁,故有关他们的一些讨论常被纳入文坛的史料考辨中。如王兆胜的《林语堂与章克标》着重探讨林语堂和章克标由同事、朋友转而反目的过程,郭建业的《鲁迅赞赏过〈文坛登龙术〉?》辨析鲁迅对章克标作品的批

---

① 孙乃修:《叶灵凤与弗洛伊德》,《中国比较文学》1994 年第 2 期。
② 齐成民:《叶灵凤与现代消费主义文学》,《齐鲁学刊》2003 年第 1 期。
③ 张高杰:《论叶灵凤小说的"颓废"意识》,《求索》2006 年第 10 期。
④ 罗俊华:《章衣萍论》,《抚州师专学报》2003 年第 1 期。
⑤ 许道明:《海派文学论》,复旦大学出版社 1999 年版。

评情况等①。

　　这两位边缘作家的研究，从基础史料到文本研究都存留大量"空白"。不但缺少个案研究，也缺少将之放入海派文学转型中的整体研究。二人都可被归为"海派作家"，比之后来呈现整体风貌的新感觉派创作，他们的小说创作显示出某种"游移"，尤其是章克标介于"写实"主义和"唯美—颓废"之间的叙事手法和低调文人姿态，都显示了海派文学过渡期的特征。

　　从整体上看，张资平、叶灵凤、章克标和章衣萍的研究经历了"二重遮蔽"的过程。首先，作为海派文学的一部分被遮蔽。其次，在海派文学研究浮出地表后再次被遮蔽。20世纪80年代中期以来，海派文学重新浮出历史地表，其文化品质和文学审美上的特异性被文学史家所重视，从"正名"到"海派文学热"，海派文学已经作为新文学的重要组成部分被纳入现代文学研究的视野。但叶灵凤、张资平等人的研究却仍然在热潮中被遮蔽，远未获得如新感觉派作家那样丰富的言说，他们在新文学史、海派文学史上的特殊地位也尚未引起足够的重视。李欧梵的《上海摩登——一种新都市文化在中国（1930—1945）》（简称《上海摩登》）通过整合实物和文本勾勒了上海的文化轮廓，在都市文化、海派作家、海派小说三者之间寻找互动关系。当时，李欧梵就提出张资平的"过渡性"地位，但也止于

---

① 王兆胜：《林语堂与章克标》，《江汉论坛》2003年第9期。
　郭建业：《鲁迅赞赏过〈文坛登龙术〉?》，《中国图书评论》2001年第11期。

现象的提出，缺乏深入的论证。大陆海派文学研究的重要开山之作——吴福辉的《都市漩流中的海派小说》"第一次从都市文化的角度把一向处于分散状态的海派诸作家聚集在一起，综合地论述了在海派作家的人格及其文学活动和创作文本上所显示出的海派文化特征"[①]。吴福辉将四人都归入"性爱小说作家群"，看到了他们叙事主题上的相似，对其基本创作特点、文化姿态也有论述，但稍嫌简略。倒是许道明的《海派文学论》辟专节将张资平、叶灵凤、章克标、章衣萍纳入"海派文学风景线"予以介绍。不过，虽然作者对四人的创作经历和特点做了较大篇幅的描述和论说，但并未深入阐释为何将张资平、叶灵凤、章克标放入第一条风景线，而将"章衣萍—林语堂"并入海派第三条风景线，无论从作家的内在创作机制，还是从文化立场上看，似乎都有问题。钱理群等著的《中国现代文学三十年》在论述海派小说一节中，认为张资平、叶灵凤都是由纯文学作家到新海派作家，清楚地意识到其身份转变上的共性，也对以二者为代表的初期海派小说的特点进行了归纳总结，认为其创作中的世俗化商业化倾向、过渡性的都市描写，以及有关"都市男女"的主题等特点都"为以后的'新感觉派'的登场，准备好了条件"，一定程度上注意到了张资平、叶灵凤与后来海派叙事的承续关系。[②] 遗憾的

---

① 李今：《小引》，《海派小说与现代都市文化》，安徽教育出版社2000年版，第2页。
② 钱理群、温儒敏、吴福辉：《中国现代文学三十年》，北京大学出版社1998年版，第321—322页。

是，在后来"海派文学热潮"中产生的一系列研究成果并未对这一点给予足够的重视，这或许与都市文化的研究角度有关。比之新旧杂糅的张资平、叶灵凤等作家，新感觉派的文本显然更适合作为现代都市文化的例证。因此，李今的《海派小说与现代都市文化》在探索海派与西方唯美主义渊源方面的关系和实证地研究电影与海派文学的互动时，都是以新感觉派文本为研究核心。但是在海派文学自身的发展脉络中，以张资平、叶灵凤为代表的海派作家显然是无法越过的一环。

4. 新感觉派同人的相关研究

新感觉派作家是海派作家中较早"浮出历史地表"的一群，有关他们的资料最为翔实，研究最为深入。严家炎的《中国现代小说流派史》最早将新感觉派作为独立的文学流派进行论述，并专门编写《新感觉派小说选》。吴福辉的《都市漩流中的海派小说》将新感觉派作家作为20世纪30年代海派文学的重要一环。黄献文的《论新感觉派》更是专门对这一流派进行梳理和研究。近年来比较重要的成果是穆时英一系列佚文的发现以及《穆时英年谱简编》和《穆时英全集》的整理出版。全集的出版为穆时英研究奠定了扎实的史料基础，对穆时英"汉奸"身份的平反"考订"也为理解作家民族主义类型的作品提供了历史依据。

大体来说，有关新感觉派的研究大多聚焦于具有新感觉风格的代表性作品。也多从电影、舞厅等现代物质文化进入对作家和文本的映照，代表性研究有李欧梵的《上海摩登》、李今的《海派小说与现代都市文化》和张勇的《"摩登主义"文学研究》。这些高水平的研究著作史料丰富、分析入理，都生动地呈现了都市文化、消费文化背景下的创作形态，共同的欠缺之处是对左翼文学的共生语境缺少探究。正如旷新年所批评的那样，李欧梵聚焦于租界的上海，而对"阶级的上海"有所盲视。李今对于"软性电影"和"硬性电影"之争的历史发掘部分地触及海派文学的政治性问题，但由于研究目标所限，著作仍然主要聚焦于电影等现代物质形态对文学的介入方面。张勇的论述比较多地以左翼文学为参照，间或对二者的关联有所辨析，但由于"摩登主义文学"概念的限定，新感觉派的创作终归结为"对流行的模仿和趋附"，某种程度上简化了这一团体创作的多样性。金理的《从"兰社"到现代》从社团研究角度进入对新感觉派的梳理，线索清晰，汇集了大量"人事"，可惜在涉及文艺论争的时候，一些研究成果对研究对象过于认同，存在诸多不合史实之处。[1] 鉴于与日本新感觉派的密切关联，也有从比较文学角度进入中国新感觉派研究的成果。[2]

三 选题意义及价值

20世纪20年代中后期，以张资平、叶灵凤等为代表的

---

[1] 比如对《庄子》《文选》之争的描述，受限于施蛰存晚年的回忆，有为其"讳疾"之嫌。

[2] 宿久高：《中日新感觉派文学研究》，吉林大学出版社2010年版。

海派作家开始了海派"变异转型"的历程,对这一时期海派文学生成过程的探讨,对于海派文学研究而言具有"发生学"意义。

20世纪90年代以来,由于海派文学自身所具有的消费主义和都市文化特质,本雅明式的"物质文化—思想文化"成为海派文学研究的既定范式。这一范式本身所具有的"预定论"色彩,容易造成对研究对象的单一、静态的抽取,对其在历史语境中的复杂动态缺少关注;夸大物质生活对文学创作的影响,对不符合线性结论的作品有意忽视;过度关注文学生成的物质语境,对同样重要的时代政治语境存而不论。从文化政治角度进入研究,有利于凸显海派文学的"政治性",从另一个角度理解海派作家"去政治化"的创作选择。

左翼文学与海派文学的关系是当前海派文学研究的薄弱环节。以左翼文学为参照系,探究海派文学与之的分疏聚合,有益于丰富对海派文学和左翼文学各自内部差异的认知。

四 研究目标、基本思路和研究方法

本书以1928—1937年上海文坛为中心,以文艺论争、文学期刊作为主要的历史场域,考察海派作家的身份、政治意识和创作选择的流变。以此为背景,发掘海派文学在叙事资源方面与其他文学形态的内在关联,试图寻找海派文学得以生成的文化政治因由，发掘海派文学与左翼文学的复杂关联，在对海派政治性的充分认知基础上进一步理解他们"去政治化"的书写意图。

主要研究方法有：

1. "文化政治"的视角。在 20 世纪 30 年代的文化政治语境中讨论海派"去政治化的政治化"。

2. "文史互证"的方法。阅读原始报刊材料，重视论从史出，对文本产生的即时语境进行梳理、勾勒。

第一章　从"海派"命名再出发

20世纪80年代,曾经的国际大都市上海落后在"改革开放"的后面,在"落伍"的焦虑中,历史学界率先开始了上海问题的研究。20世纪90年代,随着中国"全球化"进程的迅猛推进,上海的迅速崛起、独领风骚,再次推进了各个学科领域有关上海的探讨。研究热点的出现并非如此简单的因果,研究者固有自己的立场和判断,然而现实关怀对问题意识的激发也无须遮掩。新上海借助旧上海获得文化资本之时,旧上海也借助新上海"还魂重生"[①]。在新旧上海的互文阅读中,"海派文学"成为一个链接历史与现实的有效概念,它所勾连的文化内容和生活姿态都化为"想象上海"的重要资源。在众多表述中,"海派文学"似乎具有比较清晰的表征,作为新文学的异质性存在,它追

[①] 张鸿声曾对新旧上海的关系及其背后的文化动因有过精彩分析。见张鸿声《"上海怀旧"与新的全球化想象》,《文艺争鸣》2007年第10期。

新求异、崇洋慕西,与"京派文学"形成差异和对峙。海派文学的研究也经历了由最初的"正名"① 到"热潮";由文本阅读到史料钩沉;由重点作家的研究到更广泛文人群体的考察;由作品内部的技巧、意象分析到与画报、电影等大众传播媒介的互涉互动,蔚为大观,成果斐然。

但是只要稍稍考察目前学界研究中"海派文学"的指称范围,就能发现这个词汇的"包罗万象":从保守持重的旧礼拜六派,到先锋傲立的新感觉派;从推崇"唯美—颓废"的邵洵美、章克标、滕固到"泼皮垮掉"的后期创造社;从三角恋爱家的张资平到祖师奶奶张爱玲,还有黑婴、禾金、曾今可等若干难以归类的作家。"海派文学"的族谱上至晚清(韩庆邦的《海上花列传》),下至当代(王安忆的《纪实与虚构》《长恨歌》等)。② 因指称对象的庞杂和难以划一,"海派文学"的面目愈加模糊和莫衷一是,它似乎成了一个"来者不拒"的装置容器,按需分配着有关上海的种种想象。

---

① 吴福辉的《为海派"正名"》开启了海派文学研究的序幕。吴福辉:《为海派"正名"》,《都市漩流中的海派小说》,湖南教育出版社1995年版。
② 王德威:《海派作家,又见传人——王安忆论》,《落地麦子不死:张爱玲与"张派"传人》,山东画报出版社2004年版。

第一节 "海派"概念的历史多面性——重识"京海之争"①

尽管在海派文学的"非流派"内涵上达成共识②,海派文学的起点仍然充满争议:有自《海上花列传》始,有自新感觉派始。不同起点的设定,背后暗藏的是对海派文学基本特质的不同认定。研究对象的指涉不一为描述"海派文学"带来前所未有的困难,"海派文学"的基本特质和内在规定性究竟是什么?它是否具有一个相对清晰的边界和外延?如果它能够成其为一个独特的存在,那么它与同时代的其他文学有怎样的关系?

寻找多个起点,何妨返回原点。据考,"海派"一词有两个重要起源:其一为绘画界,同光年间,赵之谦、任伯年等寓居上海的画家艺术风格逸出传统绘画,更有吴友如等摹状洋楼、美女,时人称之为"海上画派",简称"海派"。其二为京剧界,"海派"最初并不专指上海的戏曲,

---

① 本节灵感受惠于 2010 年 11 月 29 日王得后先生在"20 世纪三四十年代平津文坛"学术研讨会上的发言。"京海之争"相关史料目录见本书附录一。
② 各种海派文学研究都承认"海派"不是一个文学流派的术语。"海派"虽然常常与"京派"并举,但与"京派"不同,并不存在一个文学流派意义上的"海派"。文学史上没有出现过自认为"海派",并有相似风格追求的文人团体。故严家炎的《中国现代小说流派史》中只有"京派",论证了"京派"作为一个文学流派的存在,有新感觉派小说,却并无"海派"。

而是对外省京剧的泛称,取"海者,泛滥无范围之谓"的意思。至光绪年间,上海戏曲大为发展,与北京成掎角之势,"海派"才成为沪上伶人的专称。① 但是,将"海派"一词与文学结合,并成为今日描画文学地图的重要术语却是始自20世纪30年代的"京海之争"。这场不大不小的争论奠定了"海派"与文学的因缘,论争中的许多重要话语结构被沿用至今。② 由此,重识"京海之争",辨析有关"海派"的最初争论,重新梳理历史语境中的概念和意蕴,对于厘定海派文学的基本特质,清理海派文学的研究边界也许是某种必要和必需。

一 一种进入论争的方式:《文人在上海》

历来都把沈从文的《文学者的态度》作为挑起"京海之争"的文章,但纵观全文,沈从文并无一处提及"海派",他所批评的包括了北京和上海两地的作家。那么严格说来,是谁挑起了"京海之争",最初进入论争的思考路径和立场是什么,今天看来,这种路径有何启示,值得探究。

回到论争伊始,就文学史意义上的"海派"概念诞生

---

① 有关"海派"两个起源的考证,详见李天纲《"海派"——近代市民文化之滥觞》,《文化上海》,上海教育出版社1998年版,第2—3页。
② 如"名士才情"与"商业竞卖"(徐懋庸语)的二分,"'京派'是官的帮忙,'海派'是商的帮闲"(鲁迅语)都成为目下区分"京派""海派"的重要标识。

而言，与其说是源于"他者"的命名，毋宁说是起于"自我"的指认；"京海之争"的触发者与其说是沈从文，毋宁说是苏汶。① 在诸多有关"京海之争"的叙述中，沈从文的《文学者的态度》往往被视为发难之文，这也成为"海派"源自"他者"指认的例证之一。有趣的是，这篇文章虽然置于副刊的首篇，却并没有多少"发难"的态势，而是一副循循善诱、如话家常的笔调。② 更重要的是，综观全文，沈从文并未使用"海派"的概念，只是批评一种"玩票白相"的文学态度。这些"票友与白相人"也并不专指"上海文人"，而是同时包括了上海、北京两地的作家——"这类人在上海寄生于书店、报馆、官办的杂志，在北京则寄生于大学、

---

① 吴述桥在分析京海论争中的"第三种人"角色时，已经注意到苏汶在"京海之争"中的"触发点"角色："一般认为是沈从文引起论争，苏汶则是论战爆发的一个重要开端。但从前后形式来判断，完全可以说由苏汶挑起。"结合后来的"何徐事件"，他进一步认为整个"京海之争"是"第三种人"群体"一个连贯的运作过程"，具体表现在：苏汶"貌似为海派作家鸣不平地提出'京派'和'海派'问题，实际主导了话语的发展方向。接下来再由韩侍桁具体化提议'清扫''海派'行动等等"（见吴述桥《论"第三种人"在京海之争中的角色及影响》，《文艺争鸣》2011 年第 11 期）。"第三种人"在"京海之争"中的确扮演了重要角色，尤其在"何徐事件"中的挑战姿态尤为引人注目，"京海之争"的匆匆煞尾与之不无关系。但笔者认为，在描述被遮蔽的历史的同时，也不宜过于夸大某些偶然因素。徐转蓬、何家槐都曾为《现代》撰稿，两个年轻人初露头角，他们之间的抄袭事件无疑是文坛丑闻，爆料本身已足够吸引眼球，是否还需要专门挑起"京海之争"，特别制造一个"恶谥"运作此事？何况"京海之争"在上海的主要战场《申报·自由谈》并未掌握在"第三种人"手中。这一时期，苏汶与施蛰存合编《现代》，而《现代》对"京海之争"的介入并不深，由此也可以从侧面窥见苏汶的态度。

② 在相当长的时间内，沈从文对这场争论的兴è都缺乏准备。在苏汶之后，虽然写了颇为严厉的《论"海派"》作为回应，但在文章发表以前，他就因事离京，一个月后回北京时，"方知道这文章使'海派'一名词，重新引起了若干人的注意"。见从文（沈从文）《关于"海派"》，《大公报·文艺副刊》1934 年 2 月 21 日。

中学，以及种种教育机关中"。① 反倒是苏汶意图反驳的《文人在上海》② 提出"海派"和"海派文人"，并在自我辩解中陷入了自我指认的逻辑，直接将"上海文人"与"海派"等同起来，由此引发沈从文的回应和诸多讨论。③

事实上，沈从文所指摘的"谀扬吹嘘""别出奇计"等恶行并不出奇，甚至早已有上海文人自己著书批评总结④，那么如此立意严肃，态度委婉的文章为何会招致苏汶激烈的反驳？大概是由于对"海派"概念缺少直接的辨析，苏汶进入讨论的路径通常不大为人注意，但是作为在"京海之争"的实际触发者，苏汶的思考路径所折射的现实问题值得关注。与其说苏汶是在为"海派"这一恶谥辩白，不如说他是在为一种生活方式"正名"，他将"海派"看作一种艰难生活的产物加以同情和理解。同样面对粗制滥造、多产的"恶果"，沈从文与苏汶推导出不同的"前因"。沈

---

① 当然，也有学者（如杨义）认为沈从文此文原本是专指上海文人，只是为表面公平，而拉上北京文人"陪绑"。但考虑到沈从文 30 年代的文学批评中，虽然对上海的商业化多有批判，但对周作人、废名等渐入邪僻也多有批评。沈从文批评的是文学态度的不良风气，这种不良风气自然是上海居多的，但并不局限于上海，也渐染到北京。

② 苏汶的《文人在上海》虽然并未直接提及沈从文的文章，但几个月后沈从文发表《论"海派"》明确与苏汶对话。从曹聚仁等当事人叙述的有关"京海之争"的经过看，在当时的语境中，苏汶的《文人在上海》很显然与沈从文构成了互文和对话。

③ 苏汶的《文人在上海》发表于 1933 年 12 月的《现代》。1934 年 1 月 10 日，沈从文在《大公报·文艺副刊》上发表《论"海派"》作为回应。1934 年 1 月 17 日起，《申报·自由谈》密集发表了多篇有关"海派"与"京派"的讨论文章，"京海之争"进入高潮。

④ 1933 年 5 月，章克标在上海出版《文坛登龙术》，该书分门别类地揭露了文坛的自我炒作等种种行为。

从文立足于文学本体,将之归结为作家"白相玩票"的态度,苏汶将其归结为文人的外部生活方式的制约。他描述了上海文人生活的艰难:

> 文人在上海,上海社会的支持生活的困难自然不得不影响到文人,于是在上海的文人,也像其他各种人一样,要钱。再一层,在上海的文人不容易找到副业(也许应该说"正业"),不但教授没份,甚至再起码的事情都不容易找,于是在上海的文人更急迫的要钱。①

从文学生产的角度而言,生产主体"更急迫的要钱"自然容易导致产品的粗糙和多产,"迅速的著书,一完稿便急于送出,没有闲暇搁在抽斗里横一遍竖一遍的修改"。这种现象在苏汶看来是生活方式的必然产物,所以他充满同情地又颇为自尊地认为"这种不幸的情形诚然是有,但我不觉得这是可耻的事情"。

同时,苏汶也承认"生活的重压自然是不能作为出卖灵魂的借口的。无论在怎样的情况下,我们还是不能对新书市场所要求的低级趣味妥协、投降,我们还是不能被卑劣的 Journalism 所影响……忠于自己的职业还是必要的"。但是,苏汶的迷惑之处在于——当文人成为一个出卖劳动力换取报酬的劳动者,应该如何处理这种"订货"性质和

---

① 苏汶:《文人在上海》,《现代》1933 年第 4 卷第 2 期。

产品内在价值的关系?①

左翼文人森堡的一篇文章极少被人提及②,事实上,在整个京海论争中,只有森堡真正领会了苏汶的意图,延续他的思考路径并与之对话。森堡赞同上海文人"要钱"的"正当性":"是的,上海(应该说是中国吧)的文人诚然要钱,而且,我也跟苏汶先生一样地,'并不觉得这是可耻的事情'。"他接续苏汶有关上海文人生活状况的描述,列举了一系列惊心动魄的"文人之死":

> 远一点的,则有贫困致死的彭家煌。
>
> 近一点的,则有迫于生活而投江自杀的朱湘(虽然朱湘的死因,据较跟他接近的人们的意见,都以为决不是那么简单;但,生活的重压,也毫无疑义地是一个很重要的缘由,我想。)
>
> 最近,复有初则贫病交迫,终于死而无以为葬的韩起。③

---

① 一年后,沈从文在评价文坛新晋作家穆时英的时候,专门指出穆时英创作存在"向主顾订货出货"的趋势,需要警惕电影、画报等消费杂志对作家创作的影响(见沈从文《论穆时英》,《大公报·文艺副刊》1935年9月9日)。
② 接续第4卷第2期上苏汶的文章,《现代》在第4卷第4期又发表了森堡的《文人的生活苦》。森堡此文专门为回应苏汶而做。目力所及,尚无人专门讨论这篇文章。
③ 森堡:《文人的生活苦》,《现代》1934年第4卷第4期。朱湘是杜衡在安徽大学的同事,杜衡挑起"京海之争"的文章几乎与"朱湘之死"发生于同时,有理由推测该事件对杜衡成文的触发。朱湘于1933年12月4日晨投江自杀。1934年1月的《现代》即编辑了有关"朱湘之死"的专题,内容包括赵景深的长文《朱湘(一九零四——一九三三)》(记述朱湘之死的前因后果和诗人的简要经历)、题名为《子沅书信》的书信遗作多篇,"现代文艺画报"栏目刊登了诗人朱湘及其家属照片、朱湘诗稿、遗札等多幅手迹。据赵景深的回忆,朱湘1933年便失业了,诗人生活潦倒,自比为"一个行乞的诗人",曾因买不起船票和外套去赵景深处借钱,不到一岁的幼子因没有奶水哭了七天七夜,活活地饿死。

如果仅仅是平面地延续苏汶的话题，森堡此文就并不值得重视。问题恰恰在于，森堡在苏汶迷惑的地方格外清醒，他于苏汶的歧路彷徨之处另辟新途。森堡指出被动死亡与"出卖灵魂"之外，文人还可以选择的第三条路——成为大众的一员。

  第三条路，我以为，就是指那些不把自己跟一般大众分离开来，反之，却无时无刻不使自己成为大众中间的一员之文人所走的路而言。因为自己是大众中的一员，所以才能够明确地认清，估定所谓生活苦的真相，才能跟大众一同去解决问题。①

当个人主义在经济压力下无路可走的时候，跟群体站在一起，是个自然的选择。某种意义上说，正是20世纪30年代上海左翼文人的生存状况决定了他们的反叛立场。经由为一种生活方式的同情和"正名"，苏汶与森堡一同面对了来自北方文人的压力。但他们的不同选择暗示着重要的分歧，这个分歧如同一个寓言，总结了那个时代的文人聚合：在市场文化中，当个人主义无路可走的时候，或是迎合市场或是走向大众。

---

① 森堡：《文人的生活苦》，《现代》1934年第4卷第4期。

二 "商业竞卖"与"名士才情"的辩难

"历史本质上是一种叙述的选择"①,"京海之争"的重要"遗产"之一是以"名士才情"与"商业竞卖"分指"京派"和"海派"的不同特征(曹聚仁、徐懋庸),这构成了今天对"京派""海派"的重要理解。② 这种理解自有它的针对性与合理之处,但是在当时,至少还有另外一种不同的思路,即按照沈从文的原意,以二者的结合构成"海派"的概念。那么沈从文的界定是否符合事实,又应如何看待沈从文的界定呢?

"京海之争"中最为人瞩目的是围绕这两个词汇的辩难。追根溯源,这两个词首先由沈从文提出,对二者结合的强调构成了沈从文的"海派"概念。前文已谈述,绝少"檄文"性质的《文学者的态度》引出苏汶《文人在上海》的反驳。苏汶竭力消除"恶意"的同时对沈从文进行了某种程度的"误读",用"海派"与文人籍贯等同,反对以"海派"指称所有的上海文人。沈从文随即在《论"海派"》中索性做出自己的界定:

---

① [加]马里奥·J. 瓦尔德斯:《欧洲中心主义与比较文学史》,乐黛云、张辉主编《文化传递与文学形象》,北京大学出版社1999年版,第69页。
② "文坛上倘若真有'海派'与'京派'之别,那么我认为商业竞卖是前者的特征,名士才情却是后者的特征。"徐懋庸这一段话经常被文学史引用,作为"京派""海派"的特征区分之一(见徐懋庸《"商业竞卖"与"名士才情"》,《申报·自由谈》1934年1月20日)。

"海派"这个名词，因为它承袭了一个带点儿历史性的恶意，一般人对于这个名词缺少尊敬是很显然的。过去的"海派"与"礼拜六派"不能分开。那是一样东西的两种称呼。"名士才情"与"商业竞卖"相结合，便成立了吾人今日对于海派这个名词的概念。①

徐懋庸并不赞同沈从文的界定，他认为沈从文的界定中有逻辑错误，因为"'名士才情'与'商业竞卖'其实是'结合'不起来的两种东西。自来名士最鄙商人，商人最疏名士，因为名士重风雅而以商人为俗，商人重实利而以名士为狂。而且名士常常假借官僚的势力剥削商人，是最为商人所憎。两者根本是对立的。"② 他将这两个词汇分离开来，分指"京派""海派"的不同特征。这种区分在当时即得到曹聚仁等人的认同。针对这些怀疑，沈从文相当坚持，又作了《关于"海派"》，进一步说明：

> 我所说的"名士才情"，是《儒林外史》上那一类斗方名士的才情，我所说'商业竞卖'，是上海地方推销×××一类不正当的商业竞卖：正为的是"装模作样的名士才情"与"不正当的商业竞卖"两种势力相结合，这些人才俨然地能够活下去，且势力日益

---

① 从文（沈从文）：《论"海派"》，《大公报·文艺副刊》1934年1月10日。
② 徐懋庸：《"商业竞卖"与"名士才情"》，《申报·自由谈》1934年1月20日。

扩张。①

沈从文对于京海之分的思考其来有自，1930年起的一系列评论文章中都潜隐着这条线索。②他很早注意到商品化对新文学传统、新文学作家的异化作用，这种异化造就了一系列似新实旧的现象，尽管新文学抢占了旧文学的阵地，"承继《礼拜六》，能制礼拜六派死命的，至少是从上海一部分学生中把趣味掉到另一方向的，是如'良友'一流的人物"。但是这些人物应该分类在"新海派"中，因为他们和旧海派在文学趣味上一脉相承。"他们说爱情，文学，电影，以及其他，制造上海的口胃……"③商业化的巨大影响造成了旧派文学趣味的沉渣泛起，使新文学由旧文学的掘墓人变成继承者。正是在对商业化的厌恶和警惕中，为20世纪30年代左翼运动兴起提供物质基础的上海新书业的兴起，在沈从文眼中却是另外一番景象：

> 便是十三年后，中国新文学的势力，由北平转到上海以后，一个不可免避的变迁，是在出版业中，为新出版物起了一种商业的竞卖。一切趣味的俯就，使

---

① 从文（沈从文）：《关于"海派"》，《大公报·文艺副刊》1934年2月21日。
② 1930年的《郁达夫张资平及其影响》区分"新旧海派"，1931年的《论中国创作小说》《窄而霉闲话》《〈群鸦集〉附记》，1932年的《上海作家》都批评了上海文坛的商业化和"趣味主义"倾向。
③ 甲辰（沈从文）：《郁达夫张资平及其影响》，《新月》1930年第3卷第1期。甲辰是沈从文的笔名之一，又见《沈从文全集》第16卷，北岳文艺出版社2002年版，第187页。

中国新的文学,与为时稍前低级趣味的海派文学,有了许多混淆的机会,因此……创作的精神,是完全堕落了的。①

沈从文穿透新旧文学语言表达、文化资源的巨大差异看到了文学趣味上的相似之处,即所谓"不健康""不卫生","白相玩票"的创作态度等。这种敏锐的洞见鲜明地表现在他对于新旧海派文学的划分之中,鸳蝴派/礼拜六派等五四以来被作为新文学对立面批判的文学属于"旧海派",而30年代新文学中迎合市场、以迎合市民趣味为主的《良友》等杂志上的作品是新"海派"。与其说这是一种区分,毋宁说是基于新文学整体观之下的勾连和等同,正是在文学趣味的低下、作家独立性的丧失等贬义意蕴上,新旧文学才可以一同被统摄到"海派"这一"污名"之下。也正是因为强调新旧"海派"事实上的连续性和一致性,加之"名士才情"是旧派文人的重要特征,沈从文更为坚持"名士才情"与"商业竞卖"二者的结合。

今天的"海派文学"概念并未选取沈从文"名士才情"的内容,而是专注于"商业竞卖"的特征。但沈从文的新文学整体观的思路被部分地继承下来。今天的海派文学研究中,也有如沈从文一般将"海派"分为新、旧,将"鸳蝴派"等旧派文人容纳进来。这种海派文学的划分,依据

---

① 沈从文:《论中国创作小说》,《沈从文全集》第16卷,北岳文艺出版社2002年版,第196页。

有二：一是以"女性"和"日常"为中心的叙事模式，二是如沈从文一般以意图高蹈的新文学观照消费文学。

三 一个被省略的"注脚"："何徐事件"

1980年，朱光潜在回忆刚刚去北大任教的情形时写道："当时正逢'京派'和'海派'对垒。京派大半是文艺界旧知识分子，海派主要指左联。我由胡适约到北大，自然就成了京派人物……"① 如果说关于"京派"的说法大体合乎文学史的叙述，那么"海派主要指左联"则超出了知识范围。这是一种因年代久远而导致的记忆失误，还是由历史遮蔽而造成的理解隔膜？该如何理解朱光潜关于"海派"的记忆？"海派"与左联究竟是什么关系？值得探究。

朱光潜对"海派"的认识可能来自当时文坛上"活捉海派"的"何徐事件"，这一事件在当时的《申报·自由谈》《时事新报·青光》《现代》上都多有报道，影响甚大，但后来在文学史中关于"京海之争"的叙述中被省略了。1934年2月，正值"京海之争"进入高潮，北京的沈从文、卢焚，上海的曹聚仁、鲁迅、胡风纷纷加入论争，《文化列车》发表了署名清道夫的一篇文章，揭发左翼青年作家何家槐抄袭他朋友徐转蓬的小说。② 这篇题为《"海派"后起

---

① 朱光潜：《作者自传》，《朱光潜全集》第1卷，安徽教育出版社1987年版，第5页。
② 清道夫即林希隽。

之秀——何家槐小说别人做的》的文章，借用"海派"这个炙手可热的新名词，以"肃清"文坛之名发动对何家槐的声讨。1934年2月26日，何家槐在《申报·自由谈》上发表了《关于我的创作》一文为自己辩护，否认盗用文章。至此，"战场"由影响有限的同人刊物《文化列车》转移到京海论争的"重地"《申报·自由谈》。

接下来的两个月中，《申报·自由谈》作为中间阵地发表了来自双方的文章。3月7日，侍桁（韩侍桁，笔者注）在《何家槐的创作问题》中声称得到徐转蓬"全权做主"的委托，详细叙述了抄袭事件的发现始末。3月9日，抄袭事件的另一个"当事人"徐转蓬站出来，发表《我的自白》，列举了被抄袭的小说篇目，多达十一篇。但令人费解的是，与林希隽、韩侍桁等"第三方"的激烈态度不同，"受害人"徐转蓬反而言辞隐晦，为何家槐多有辩解，说其中有"不为外人所知"的因由。徐转蓬奇怪的态度引发了种种猜测。3月10日的《申报·自由谈》发表了署名梁辛的《愿闻何徐创作问题的解说》怀疑徐转蓬低价卖文给何家槐，暗示所谓的抄袭事件原本就是一场"你情我愿"。3月21日宇文宙（任白戈）发表《对于何徐创作问题的感想》，影射韩侍桁等人意图不纯，在背后操纵"何徐事件"。这些猜测又引发了《文化列车》同人的激烈反击。[①] 面对强

---

① 林希隽宣称"暴露何家槐一人的秘密，同时即是暴露整个'海派'的大秘密，其中有着极大的意义的"（见林希隽《三谈何家槐的创作问题——并质问宇文宙先生》，《时事新报·青光》1934年3月25日）。

大的舆论压力，何家槐在3月22日和3月23日的《申报·自由谈》上发表《我的自白》和《我的自白》（续）承认了窃文的事实，但同时进一步为自己辩解。在何家槐看来，虽然小说的内容梗概来自徐转蓬，但他本人在发表时对小说做了大幅的修改，修改篇幅甚至几倍于"底本"，何家槐强调自己对作品"二次创作"所付出的艰辛劳动，对被称抄袭表示委屈。针对何家槐所谈的"二次创作"，徐转蓬终于放弃欲言又止、温柔敦厚的态度，发表了《答何家槐诬害的自白》和《答何家槐诬害的自白》（续）①，针锋相对地一一辨析每篇被剽窃小说的原貌和发表状况，否定了何家槐所谓"二次创作倍于原作"的说法。黎烈文在《答何家槐诬害的自白》（续）后附编者按称"关于何徐创作问题，本刊耗费篇幅已多，拟就此结束，以后双方来稿，概不登载"，至此，何徐问题在《申报·自由谈》上告一段落，同时为"京海之争"画上一个仓促的句点。无论何家槐如何辩解，抄袭事件本身事实俱在，因此鲁迅在同年5月1日致娄如瑛的信中批评"何家槐窃文，其人可耻"。但考虑到何家槐的左翼作家身份和韩侍桁、杨邨人、林希隽等人在其中的作用②，"何徐事件"背后有着复杂的

---

① 徐转蓬：《答何家槐诬害的自白》，《申报·自由谈》1934年3月31日；徐转蓬：《答何家槐诬害的自白》（续），《申报·自由谈》1934年4月2日。
② 何家槐对左联工作很热心，在他加入左联后不到一年的时间里，就先后介绍青年作家张天虚、马子华、老童、齐速、李应声、王玉青、吴竟等加入左联。1934年4月，何家槐由周文与彭冰山介绍加入了中国共产党。同年秋，他担任了左联组织部长。与王淑明、徐懋庸三人组成了左联行政领导小组。不久，他又担任了左联闸北区委书记。

人事关系和政治意图。① 多年后，唐弢指出"何徐事件"背后的"恶意"——"有人借何家槐、徐转蓬的创作纠纷，挑拨是非，打击'左联'"。②

"何徐事件"也许太像一场闹剧，但这场闹剧的有意味之处在于，这个过程本身就是对"海派"一词的第一次大规模应用和演练。回顾这一历史事件，以"海派"指称左翼作家的发现令人惊讶。它重新确证了一个已经被忘却的常识——"海派"与文学相结合的本意主要是指文学创作的不良风气，而并不局限于文人的派别。也正是在这个意义上，才能够理解朱光潜关于"海派"的记忆。在后来的文学史中，"何徐事件"这一"京海之争"的现实注脚被省略，这种省略除了受限于文学史叙述本身的无法面面俱到，也许更与特定叙述立场所造成的遮蔽有关。以左翼文学为主流的文学史叙述并不乐于见到"海派"恶名和左联的关联。20世纪90年代之后的海派文学研究热潮提供了重新叙述的契机，然而在种种"正名"与"重写"中，"何徐事件"仍然是被省略的一段。出于对海派文学研究对象的价值构建，"海派"的贬义色彩被有意剔除；出于寻找"城市偶像"的意图，上海与"现代主义""消费文化"的关联被凸显，与之伴随的是一个"去政治化"的"海派"概念的生成。

---

① 相关分析见吴述桥《论"第三种人"在京海之争中的角色及影响》，《文艺争鸣》2011年第11期。
② 唐弢：《申报自由谈·序》，《申报·自由谈》，上海图书馆1981年影印本。

四　一个被忽略的语境：小品文的复兴

以《申报·自由谈》停止刊载"何徐事件"为标志，这场起于1933年年底的"京海之争"到1934年的4月已经暂时停歇。时隔一年，鲁迅、胡风、姚雪垠等人又撰文评述。相关文章包括：胡风的《京派看不到的世界》（《文学》1935年第4卷第5号）、旅隼（鲁迅）的《"京派"和"海派"》（《太白》1935年第2卷第4期）、姚雪垠的《鸟文人》（《芒种》1935年第3期）和《京派与魔道》（《芒种》1935年第8期）。学界历来把1933年至1935年的"京海之争"看作一个整体，将鲁迅、胡风、姚雪垠1935年的文章抽取出来[①]，划入对"京海之争"的讨论，但是时隔一年，为何鲁迅、胡风、姚雪垠等人几乎同时重提"京海之争"，"旧话重提"的背后有怎样的新驱动，令人玩味。"重提"并不等于"复述"，一年之后，鲁迅对"京海"问题的态度发生了变化；而姚雪垠、胡风对"京派"的批评历来被描述为情绪化的，不值一观的。那么应如何理解鲁迅的变化以及姚雪垠、胡风的激烈反应呢？

1935年，鲁迅对"京海之争"的态度发生了转变。大体分来，参与1934年的"京海之争"的文人约有三种立

---

① 这些文章包括：胡风的《京派看不到的世界》（《文学》1935年第4卷第5号）、旅隼（鲁迅）的《"京派"和"海派"》（《太白》1935年第2卷第4期）、姚雪垠的《鸟文人》（《芒种》1935年第3期）和《京派与魔道》（《芒种》1935年第8期）。

场:其一为沈从文基于新文学整体观之下的"抑海";其二为徐懋庸、曹聚仁等人两派"无以异"思路下的"贬京";还有另外一种以鲁迅为代表,相对超脱于两派的态度。①1934年,鲁迅"略略的赶了一下热闹"撰写了《"京派"与"海派"》和《北人与南人》两篇文章,②展示了他对地域文化分析的兴趣。鲁迅对苏汶与沈从文纠结不清的籍贯问题表示了如下意见:

(一)"京派"与"海派"和作家的籍贯没有关系。③

(二)作家的居留地对创作有影响。④

鲁迅着重提出"京派"与"海派"的根本差异是基于官商的区分:"京派"是"官的帮闲";"海派"是"商的帮忙":

>……北京是明清的帝都,上海乃各国之租界,帝都多官,租界多商,所以文人之在京者近官,没海者近商,近官者在使官得名,近商者在使商获利,而自

---

① 除鲁迅之外,还有胡风的《南北文学及其他》(署名古明,《申报·自由谈》1934年2月24日)、《再论京派海派及其他》(署名古明,《申报·自由谈》1934年3月17日)讨论南北自然风貌对文学发展的浸染和限制。卢焚(师陀)的《"京派"与"海派"》(《大公报·文艺副刊》1934年2月10日)质疑"京派"与"海派"的区分,指出二者可以相互转化。
② 栾廷石(鲁迅):《"京派"与"海派"》,《申报·自由谈》1934年2月3日。栾廷石(鲁迅):《北人与南人》,《申报·自由谈》1934年2月4日。
③ "所谓'京派'与'海派',本不指作者的本籍而言,所指的乃是一群人所聚的地域,故'京派'非皆北平人,'海派'亦非皆上海人。"见栾廷石(鲁迅)《"京派"与"海派"》,《申报·自由谈》1934年2月3日。
④ "籍贯之都鄙,固不能定本人之功罪,居处的文陋,却也影响于作家的神情,孟子曰:'居移气,养移体',此之谓也。"见栾廷石(鲁迅)《"京派"与"海派"》,《申报·自由谈》1934年2月3日。

己亦赖以糊口。要而言之：不过"京派"是官的帮闲，"海派"则是商的帮忙而已。……而官之鄙商，固亦中国旧习，就更使"海派"在"京派"眼中跌落了。①

写完《"京派"与"海派"》大概尚嫌意犹未尽，同一天之内鲁迅又写作了《北人与南人》②，进一步从人的"地域性"剖析"京派"与"海派"的人性差异，希望在"理想的人性"上取长补短，走出一条"中国人的一种小小的自新之路"③。

如果说1934年鲁迅在谈论京海问题的时候尚且没有太明显的针对性，到1935年的《"京派"和"海派"》时，就颇见激愤了，说自己一年前对"京派""海派"的问题判断有误，以为"京派""海派"之间有一条官商之界是"欠明白"，京海已然合流炒作一盘"京海杂烩"了，甚至点名登录了两派的人物（"京派"是沈从文④、周作人⑤，"海派"

---

① 栾廷石（鲁迅）：《"京派"与"海派"》，《申报·自由谈》1934年2月3日。
② 《"京派"与"海派"》《北人与南人》两文均作于1934年1月30日。
③ "缺点可以改正，优点可以相师。相书上有一条说，北人南相，南人北相者贵。我看这并不是妄语。北人南相者，是厚重而又机灵，南人北相者，不消说是机灵而又能厚重。昔人之所谓'贵'，不过是当时的成功，在现在，那就是做成有益的事业了。这是中国人的一种小小的自新之路。"见栾廷石（鲁迅）《北人与南人》，《申报·自由谈》1934年2月4日。
④ 一年后，鲁迅再次回忆起"京海之争"时说，"京派大师曾经大大的奚落了一顿海派小丑"［见旅隼（鲁迅）《"京派"和"海派"》，《太白》1935年第2卷第4期］。
⑤ 见《"京派"和"海派"》："一，是选印明人小品的大权，分给海派来了；以前上海固然也有选印明人小品的人，但也可以说是冒牌的，这回却有了真正老京派的题签，所以的确是正统的衣钵。"（按：施蛰存编的《晚明二十家小品》，有周作人题签）

是施蛰存、苏汶①)。一年之后,鲁迅对"京海之争"的判断为何发生了如此大的转变,这种转变有着怎样的现实依据,我们又应该如何理解鲁迅对"京海合流"的批评呢?

鲁迅所批评的"京海合流"具体是指20世纪30年代小品文的复兴。30年代的"京海之争"有一个更幽深的背景,那就是"晚明"及小品文的复兴。如果说周作人的《中国新文学的源流》为新文学寻找到晚明的"源头",为小品文的复兴提供了理论的基础,尚且属于一种知识建构,其社会影响仍然有限。那么,及至林语堂发行《论语》和《人世间》,施蛰存选编《晚明二十家小品》、编辑《文饭小品》,就造成小品文事实上的"流行"。鲁迅在《"京派"和"海派"》中所判断的"京海合流"的依据正是两派人物在小品文书刊方面的合作:

> 一,是选印明人小品的大权,分给海派来了;以前上海固然也有选印明人小品的人,但也可以说是冒牌的,这回却有了真正老京派的题签,所以的确是正统的衣钵。二,是有些新出的刊物,真正老京派打头,真正小海派煞尾了;以前固然也有京派开路的期刊,但那时半京半海派所主持的东西,和纯粹海派自说是自掏腰包来办的出产品颇有区别的。要而言之:今儿和前儿已不一样,京海两派中的一路,做成一碗了。②

---

① 见《"京派"和"海派"》:"海派小丑也曾小小的回敬了几手。"
② 见旅隼(鲁迅)《"京派"和"海派"》,《太白》1935年第2卷第4期。

前者指施蛰存编选《晚明二十家小品》，周作人为之题签，后者指施蛰存离开《现代》之后发行的《文饭小品》杂志，《文饭小品》的第三期第一篇是周作人的《食味杂咏注》，最后一篇是施蛰存的《无相庵断残录》。也正是基于对小品文的共同批判，一年之后，胡风、姚雪垠才又对"京派"大加嘲讽。从"官商之界"到"京海杂烩"，在鲁迅看来，"京派""海派"能够合流是因为他们所共有的"帮闲"与"帮忙"的性质以及背后驱动的经济利益①：

　　也许是因为帮闲帮忙，近来都有些"不景气"，所以只好两界合办，把断砖，旧袜，皮袍，洋服，巧克力，梅什儿……之类，凑在一处，重行开张，算是新

---

① 由于施蛰存曾编辑《文饭小品》杂志，编选《晚明二十家小品》，研究者们多把这些活动与他的"轻"文学的观念相结合，来论证施蛰存对小品文的支持。事实上，施蛰存对小品文的态度并非如此。1934年正当小品文风行之时，《现代》上曾经刊载过多篇批评小品文的文章，其中包括鲁迅著名的《小品文的危机》（《现代》1933年第3卷第6期），此外还有杨邨人的《小品文与大品文》（《现代》1934年第5卷第1期）、庄启东的《关于小品文》（《现代》1935年第6卷第4期）、赵心止的《隐逸文学》（《现代》1934年第5卷第4期）。如果如此尚不足以说明编者的立场，那么，1934年7月的《现代》上刊发了一篇署名为编者的《文坛展望》（《现代》1934年第5卷第3期，从文风上看应属施蛰存的手笔），文章对当下文坛小品文与五四时期小品文的根本性质进行了辨析，对当下小品文的流行进行了批评，其思维理路与鲁迅的《小品文的危机》无异。1935年3月，在《晚明二十家小品》的序言中，施蛰存更是坦率地说自己"并不想曲撰出一些理由来，说是有一点意义的事"，指出自己编辑本书并无高蹈的意义，不过是"应应市面""著书都为稻粱谋"罢了。到20世纪80年代，施蛰存又重提当年的序言，重申自己对小品文的态度。可见，施蛰存当年对小品文的"推波助澜"更多的是基于生活需要的世俗选择（适时施蛰存正从《现代》离职，急需生活用度），而非文学趣味上的认同。

公司,想借此来新一下主顾们的耳目罢。①

如果考虑到小品文的流行,以及对其"帮闲"功能的批评,上海文人对"京派"的批评并不是独独出自"居留地情结"那么情绪化②,也不仅仅是两种地域文化冲突那么隐约③。尤其是1935年鲁迅对于"京海之争"的看法应该放置在他"改良这人生"的启蒙文学观之内,鲁迅对小品文文体的宽容和功用的严厉仍有其现实意义。

"知识考古"的尝试可能只是进入了又一个"词"与"物"难以一一对应的世界,概念的产生本身就伴随着意义的交织和分歧。但仍然愿意承认历史具有相对独立的客观性,唯此才可以摆脱虚无的不断接近。大体说来,"京海之争"中的一个基本共识——"海派"的贬义色彩,无论是代作抄袭的恶劣行径,还是"听雨吃茶"的"名士才情",都被归结为"海派"这一恶谥中,而这一命名的"不洁"的本意在20世纪90年代之后的海派文学研究中被不断剪除。沈从文所抨击的,被新文学所继承的低下趣味被当作对日常生活或个人情欲的书写而被重新发掘;上海作家艰难的生存状况被"跑马场""回力球"的物质生活取代,比之作家本人,当下的人们更乐于承认这种"新式才子"的生活。左翼文人对"京海之争"的发言往往被形容为情绪

---

① 见旅隼(鲁迅)《"京派"和"海派"》,《太白》1935年第2卷第4期。
② 倪文尖将上海文人对"京派"的嘲讽总结为"居留地情结"。见倪文尖《"海派"话语论析》,《欲望》的辩证法》,上海远东出版社1998年版。
③ 这是吴福辉等人对"京海之争"动因的经典分析。

化的意气之争,除了论者本身的感情色彩,在"风沙扑面,虎狼成群"的年代,反对文学功能的"帮闲"与"帮忙"是否也是值得尊重的艰难持守?

第二节 "命名"之争——兼论海派文学研究的基本范式

不得不承认,以上的"寻踪"缺少明晰的脉络,更像一块块历史碎片的并置呈现。但正是这种看似缺少逻辑的拼贴某种程度上还原了那些被遗忘的图景,带来了一个关于"海派"命名的"吊诡"困境——今天"海派"文学命名的所指与能指与那个历史时间点中的"海派"绝无共通,几乎毫不相干。[①] 但文学史叙述的惯性使得"京海之争"俨然成为"海派"文学命名公认的"起点",这一叙述的风流余绪至今不绝。叙述的惯性是如此强大,以至于所有严肃的研究者在面对这个命名的时候首先就不可避免地陷入自我诘辩:既宣告这种命名的困境,又承认它在一定意

---

① 研究者对这种命名的"后置性"也有清醒的认识。李今曾直接指出"借用30年代"京海之争"中的'海派'概念来指称今天研究者重新提出的'海派文学',与其说是要'为海派文学正名',不如说是一次文化上的新的命名活动。它反映了人们试图通过理解和认识往昔文化现象,来理解和认识今日的都市化和现代化所引起的社会、文化、价值观和人生观等一系列变化而采取的一种策略"(见李今《海派小说与现代都市文化》,安徽教育出版社2000年版,第4页)。

义上的合理，因此继续沿用。① 尽管在某种意义上来说命名总是意识形态的沉淀物，存在的本身即证明了自身的合理。即便如此，是否真的能够离开历史命名历史，仍然值得怀疑。今天"海派"命名合理性的限度在哪里，"后置性"的"海派"命名是怎样生成的，它对上文提到的种种历史侧面的避而不谈是否属于偶然，目前海派文学研究是否缺乏"历史化"的意识，海派文学研究的"历史化"如何成为可能，都是值得探究的。

于是有另一脉研究者不满这种"怪圈"，试图"另起炉灶"。张勇在其导师解志熙先生的启发下，大胆摒弃了"海派"这一词汇，将其重新命名为"摩登主义文学"。"摩登主义文学"的概念直接受益于解志熙关于中国现代唯美—颓废主义思潮蜕变后的批判性认识。解志熙认为20世纪二三十年代以唯美—颓废为主要特色的中国现代主义文学临近抗战时已经丧失了起初的先锋性和革命性，不可避免地走向了分化和蜕变，沦为一种"寻找轻松"的"轻文学"。② 文学似乎总在缪斯的天平上左摇右摆、难以平衡，为反拨"严肃""载道"，兴起"趣味""消遣"，而当这"趣味"不

---

① 李今、姚玳玫等研究者都如是。她们沿用"海派"命名的主要原因有二：首先是该命名直接呈现的上海地域特色不容抹杀，"魔都"上海所富有的消费文化、都市特色，乃至上海人的某种精明务实的生活习气都深深浸染在"海派"这个短小的名词中；其次，学界的公认和共识造就了这个命名的方便有效。
② 参见《寻找轻松——中国现代趣味主义轻文学思潮论略》（解志熙：《和而不同：中国现代文学片论》，清华大学出版社2002年版）和《美的偏执：中国现代唯美—颓废主义思潮研究》第八章（解志熙：《美的偏至：中国现代唯美—颓废主义思潮研究》，上海文艺出版社1997年版）。

再属于个体,而是有意地迎合广大的他者,趣味又退化为媚俗。"既承认文学艺术的独立自主性,也承认它和现实——自然、人类、社会——之间的意味深长的关联"①,韦勒克所期许的这种朴素平衡的状态正是解志熙对文学的严正理想,也正是在这样的参照下,解志熙毫不留情地对自己的研究对象提出批评。时隔多年,这一反思落实在一次"重新命名"的批评实践上——解志熙在为李今的台湾版《海派小说与现代都市文化》作序时正式提出要以"摩登主义"的命名取代"现代主义"的观点。解志熙的严肃立场为"摩登主义文学"概念奠定了批判性的底色,他的学生张勇所定义的以"模仿和趋附"为内在动力的"摩登主义文学"正是沿着这一路径进行。②张勇关注"日常消费"与"审美消费"的内在关联,把一系列现代物质文化、时代事件、作家生活等历史实景与中国现代文学流派现象双双嵌合,从本土的肌理中寻找到"摩登主义文学"发生发展的应然与必然。没有完美的"命名",虽然张勇注意到"摩登主义文学"内部的错综复杂,包括某些"反摩登"的倾向,但这个命名的"致命之处"正如李今指出的那样,"以'摩登主义'概括海派文学,有点看轻了他们对现代都市和都市

---

① 《现代批评史》第4卷,剑桥大学出版社1983年版,第463页。
② "'摩登主义'简而言之就是把社会思潮、外来文化当作时髦加以模仿和趋附。"见张勇《"摩登主义文学"研究(上海,1927—1937)》,博士学位论文,清华大学,2007年,第2页。

人生的感觉和表达的艺术实践"①。当一种批判性的立场过早地悬置在命名之前，似乎容易造成这样过于严苛的感受。毕竟，今人以为是浮浪摩登，时人未必不以为是热情真诚。

命名从来都不仅仅是命名，而是价值的争夺。回顾20世纪90年代以来海派文学研究的历程，当代"海派"概念的生成与文化研究方法的进入相伴而行。海派文学研究是"重写文学史"之后被打捞上来的一段，与其他"被压抑"的文学史叙述一样，急于寻找存在的理由。对海派文学中都市文化、消费文化侧面的发掘，既符合海派文学"异质性"的事实，也契合了这种"平反正名"的需要，从《都市漩流中的海派小说》《上海摩登》这样的早期代表性研究成果的标题，就可窥见消费、都市文化研究视角对研究空间的开拓（后来更有李今的《海派小说与现代都市文化》）。从都市文化、消费文化进入海派文学研究俨然成为一种"约定俗成"的视角。这种视角在发掘海派文学"异质性"特征方面卓有成效。但是与西方文化研究形成差异的是，西方的文化研究的目的之一正是对都市文化、消费主义进行批判，悖论的是，中国海派文学研究恰恰易于陷入对方法论批判对象的价值认同。西方文化研究的另一个功能是揭示意识形态对价值立场的"潜移默化"，由此带来对研究者自身立场的警惕和反思，它在反思种种"不言自明"方面尤有力度。比较而言，中国海派文学研究中的文化研究视角显然缺乏这样的"自审"意

---

① 李今：《从理论概念到历史概念的转变和考掘——评〈摩登主义：1927—1937 上海文化与文学研究〉》，《中国现代文学研究丛刊》2011年第3期。

识，在当代消费主义的新意识形态之下，缺少辨析地共享了对"日常现代性"的重视①，对都市文化的肯定，对消费主义的赞扬成为"预设"的研究立场。容易形成的思路是发掘海派文学对都市感受的描摹，物质景观的铺排，世俗价值的张扬，将海派作家创作当作一种"审美消费"凸显其价值。某种程度上来说，"海派"概念的历史多面性正是经由消费文化、都市文化研究视角的简单移植而被抽空。

如果说海派文学研究最初的问题意识"缘于对当前中国都市化进程的现实的关心，缘于对现代商业城市中人的生存处境，和由此急剧产生的价值观念变迁的兴趣"②，那么在"海"风东渐，消费主义席卷各地，城市经验成为常态的今天，重新拣选、反顾这些创作，或许有理由反思某些问题：由都市文化、消费文化出发的研究方法所能够抵达的深度是否有限；更重要的是，由此出发的研究视角是否容易将我们引入另一种褊狭——对"摩登上海"一厢情愿的想象。也正是在这个意义上，作为海派文学研究的奠基之作的《上海摩登》近年来也屡遭质疑。旷新年指出《上海摩登》的"局限"：作者李欧梵"重绘了一幅夜晚的地图、消费的地图、寻欢作乐的地图，同时却遮蔽了白天的地图、生产劳动的

---

① 所谓日常现代性，主要是"现代性的形成不是由少数几个觉醒者策动革命政治而与过去断裂导致的，而是源于普通人日常实践的积累……现代性关联着无数人日常生活的物质转变，胜于少数几个精英为了某个精心描绘的目标而从事的有组织的动员"。
② 吴福辉：《海派小说与现代都市文化·序》，李今《海派小说与现代都市文化》，安徽教育出版社 2000 年版，第 6 页。

地图、贫困破产的地图"①。虽然旷新年在论述时有意忽视了李欧梵的副标题所限定的内容（《上海摩登》的副标题为"一种新都市文化在中国（1930—1945）"，是"一种"而非"全部"），但他的左翼立场提请我们注意到一个被"新意识形态"所遮蔽的上海②，一个左翼视野下的上海，那是一片虽绚烂但腐败的"溃疡"，那个"摩登"是一个"30年代左翼文学与资产阶级文学"共同争夺的语汇。③ 2005年，李欧梵在《上海摩登》的韩文版序中针对成书后所遭遇的种种批评做了简单回应。他强调了最初的问题意识和写作背景——他的"上海摩登"构思于20世纪80年代，一个上海繁华被遮蔽的年代，他所做的工作是在黑暗的废墟上恢复它原有的"光明"。事实上，左翼学者所批评的"矫枉过正"与其说是学术著作本身的"盲点"造成的，不如说是此书在出版、传播、阅读过程中与新上海的城市建设步伐"耦合"所引发的褊狭印象。没有90年代以来的城市化建设所引发的怀旧热潮，《上海摩登》也许不过是另一部小范围阅读的专业书籍；]没有"小资"文化的推波助澜，《上海摩登》不会进入白领阶层的千家万户，更不会成为与南京路、百乐门并置的物质文化符号，自然也就不易引发左翼学者对作者学术立场的质疑。要求一部学术著作左右逢源、面面俱到固然近似完美主义的"强迫症"，非但无理由做出如此

---

① 旷新年：《另一种"上海摩登"》，《中国现代文学研究丛刊》2004年第1期。
② 一个不可否认的事实是，20世纪90年代以来，全球化的新意识形态与上海研究的兴盛几乎是同步关系。
③ 旷新年：《另一种"上海摩登"》，《中国现代文学研究丛刊》2004年第1期。

要求，而且也根本无法达到。值得庆幸的是，正是某些"缝隙"留下了有待阐释的空间。《上海摩登》对现代主义（按作者说或曰"先锋"更精确）作家的描绘聚焦在与左翼相异的一面，那么这种"相异"是否有个"同问题"的基础？如果答案是肯定的，那么这种"相异"是在怎样的"同问题""同意识"中生长，而后道路殊途的？导致他们分道扬镳的动因又有哪些？

与吴福辉最初"为海派'正名'"的热情讴歌不同，张勇的"摩登主义文学"命名背后潜隐着旷新年式的左翼立场，他严格区分左翼文人和海派文人，批评海派作家对左翼文学资源的贩卖挪用。但更多地，仍然延续那个基本的研究路径——消费主义和物质文化。从这些角度来考察海派文学似乎从来都是顺理成章的，而这些视角也构成了海派文学研究的基本框架。无论是李欧梵《上海摩登》中对咖啡馆、电影院、月份牌的考察，还是张勇《"摩登主义文学"研究》对杂志生态和国货运动的发掘，海派文学研究都沿着本雅明、刘易斯·科塞所开拓的"物质文化—思想文化"范式前行。然而，对"京海之争"的碎片考古除了揭露了当代海派文学研究命名和内涵的"后置性"，也暗示了新的可能，一个更加基本的问题"浮出历史地表"——当文学史命名还没有来临的时候，当这些作家还没有被排队画线的时候，当他们仍然是一个个"散兵游勇"或者自发的"小集团"的时候，他们是谁？

第三节 "历史化"如何可能？——海派文学研究与作为问题的 20 世纪 30 年代[①]

那场并不算盛大的"京海之争"折射了 20 世纪 30 年代的诸多问题——文人的现实生存、新文学的异化、文坛派别之间的党同伐异、起自五四延续至 30 年代的文白之争等，"海派"这个命名本身所蕴含的复杂历史维度即表现于斯。20 世纪 90 年代之后对"海派"命名的实践则从另一个侧面书写了海派"被阅读的历史"，这个"被阅读的历史"也是研究者亲身经历的时代精神轨迹。研究者身处消费主义、都市文化勃兴之中，急于从历史中寻找对应物来观测、解释"新的都市景观"，更重要的是为水泥丛林中冉冉而生的孤独感寻找遥远的共鸣，于是有了吴福辉、李欧梵的"正名"和"打捞"。21 世纪以来，"革命"作为抵抗消费主义全球化的关键词再次在知识界兴起，于是有了"摩登主义文学"这种更具批判反思意味的命名。在左翼思潮再次还魂的今天，也许有必要重新思考，今天的海派研究更多地想达到什么目的？这个目的和消费主义、都市文化的方

[①] "在中国现代文学史上，论及 20 世纪 30 年代，指的是自 1928 年的'革命文学论战'到 1937 年日中全面战争爆发前夕的这段时期。"见［日］丸山升《鲁迅·革命·历史：丸山升现代中国文学论集》，王俊文译，北京大学出版社 2005 年版。

法预设之间是否存在问题？

　　光明俊伟的人物终究稀少，"不彻底的人"难以脱去暗昧。面对这些海派文人不太光彩的政治选择，我们是否有能力重新检讨文学与政治的错综关系？以"海派"概念的历史考辨为起点，回到一个"常识"——文学史的丰富在于各种关系的结构交织。作为20世纪30年代的组成部分，海派文学研究是否有助于回答丸山升提到的那个有关"20世纪30年代"的最初疑问——"如果今天重新将20世纪30年代作为问题还有意义的话，那么尽管它有那么多弱点和缺陷，当时中国最优秀的青年中至少相当一部分还是被这场运动所吸引，他们真的甘愿为此不惜自己的生命，这是为什么？是什么从内心驱动着他们？果真不过是幻想吗？如果说是幻想，那么不是幻想的又能是什么呢？再则，如果说人活着不光是为了面包，而是有所需要，那又是什么呢？"

　　"人多是'生命之川'之中的一滴，承着过去，向着未来，倘不是真的特出到异乎寻常的，便都不免并含着向前和反顾。"（鲁迅语）与左翼相映照，所谓"海派"，大多是些"反顾"多于"向前"者。他们在"情感和理智中纠缠"（杜衡语），"一面回顾着从后面赶上来的一小时五十公里的急行列车，一面用不熟练的脚步奔逃"（穆时英语）；难以轻忽食色，又试图在大时代中安放自己，他们是时代的"落伍者"和"疏离者"。在比较的观照下，海派的另一个区分维度也许仍有意义——不仅仅将其作为文化立场、创作潮流的区分,也作为知识分子群体的区分(当然是在宽泛意义上的),即涵指20世纪30年代一群与左翼和英美自由主义不同的知识分子[①]。海派文人大多名声不佳,他们轻文学的观念和附逆的政治行为更引来学者的"酷评",对此笔者并无异议。研究者要有清醒的认识和立场的持守,以文化决定论或其曲折的变种来混淆是非并不可取,但研究同时不是道德批评,将人与文抽离历史语境也有苛责之嫌。我们不禁要问"海派"(包括左翼)的流行是否能归结为他们自身的"原罪"?今人以之为"媚俗",在当事人未必不是"理想"。他们大多也曾有过"赤色岁月",是什么使他们"离散"开来?他们在时代中扮演了什么角色?整体性考察他们的创作,他们对都市体验的书写是否被夸大了?他们与左翼文学的关系是怎样的,发生了怎样的变化?他们在什么意义上是世俗化的?他们如何面对历史的重负?他们的文学/文化观念是否一开始就如此"轻逸"?是否是彻底地摒弃"沉重"?这种文学/文化观念与文人的政治选择是否可以化约?

跳出海派文学自身的研究范畴,进一步考虑,"如果这些非主流的存在是真的有价值的东西,那么,研究的工作就不能仅止于指出主流之外还有非主流,而应该通过揭示这些非主流的意义来辨明'主流'本身所具有的一向不被

[①] 任何一种区分都是相对的,任何一种整体上的涵括都是困难的,无论是"海派",还是左翼,其实都是在历史的变动中产生的,本书有关"海派"的左翼"前身"的讨论本身就是对这种区分的一次"自我怀疑"。

重视的方面"①。"历史化就是把文化文本或批评范畴置回其产生时的特定社会及历史关联中去,复原其在特定历史上下文中的初始意义。"② 将这些难以归类的人们放入一个个交会的历史场域,来观照他们与时代思潮之间的复杂纠葛,重新从一些常识问题再出发,对于探究20世纪30年代那场极具号召力的文学/文化思潮也许是一次曲折的抵达。

---

① [日] 丸山升:《关于现代中国文学研究的一己之见》,参见[日] 丸山升《鲁迅·革命·历史:丸山升现代中国文学论集》,王俊文译,北京大学出版社2005年版,第185页。
② 伍晓明、孟悦:《历史—文本—解释——杰姆逊的文艺理论》,《文学评论》1987年第1期。

第二章 遭遇"革命":海派作家在1928年

　　1928年之于中国现代文学是个特殊的年份,那场后来被作为文坛聚变和文学转折标志的文学论争早在一年之前就有了征兆:全国各地的文化人如候鸟一般向上海迁徙①。文人的流动带来了文学的变异,经过早期的物质扩张和文化筹备之后,20世纪二三十年代的上海以独异的姿态伫立于乡土中国的一隅,它与迁徙而来的文人一同构建了新的文学/文化图景。

　　清末以来,上海逐渐成为新兴的出版中心,商务印书馆、中华书局等几大书局一直处于垄断地位。"北伐"成功后,国民党政权初建,无暇顾及文化事务,加之上海租

---

①　这一时期文人的迁徙情况的简略介绍,可参见旷新年《1928:革命文学》,山东教育出版社1998年版,第19—20页。

界制度的庇护，造成种种"无序"和"真空"①。与北洋政府时的政局危厄相似，政治上的"无序"和"真空"反而造就了某种短暂的"自由"和"宽松"。到1927年前后，一批中小型书店开始崛起，"开书店"成为知识分子的一种"风气"。30年代，有人详细地叙述了这一"盛况"：

> 一九二七年左右，就以上海来说吧，出版界方面发生了新的刺激！泰东在当时还不见引起大家的注意，光华书局成立，创造社出版部的创设，北新书局的南迁，对于上海遂称为"出版界中心"的出版界，无异是在静沼中投下了几颗石子，接着春潮，南强，乐群，新生命，开明，黎明等几家接着兴起，遂造成了盛极一时的"开书店"的风气……②

在出版条规严格的今天，似乎很难想象，几个同人朋友凑凑份子就可以开办起一个书店，像模像样地公开发行自己的杂志。这些以出版新文艺和社会科学领域的新书为主的小资本书店在后来被称为"新书业"。他们蓬勃一时，甚至与古书书店和以商务印书馆为代表的"旧书业"形成鼎立之势，出版界风气为之一新。

---

① 据统计，从1926年年初到1930年，中国一直处于没有正式出版法规的状态（具体情况见刘震《左翼文学运动的兴起与上海新书业（1928—1930）》，人民文学出版社2008年版，第42页）。
② 李衡之：《书店杂景》，《申报·出版界》1935年10月5日。

与上海"新书业"兴起相伴而生的是一个颇为吊诡的现象——"革命运动停顿了,革命文学运动的空气却高涨了起来"①。由于教科书和工具书几乎被商务印书馆等"旧书业"所垄断,资本薄弱的"新书业"就把目标放在新文艺方面,他们以对思想文化动态的敏感和出版速度取胜,快速传播转运,掀起"革命文学"的论战高潮。与法国大革命时期的地下书贩有异曲同工之处,这些朝明夕灭、品质不高,甚至盗版风行的小刊物在这期间却成为转运激进思想的重要载体。那些后来被文学史称为"海派"的作家虽然并非革命斗争中的老将新兵,但也借此操持笔墨,在这场声势浩大的左翼文学运动中游弋浮潜。

第一节　"转换方向"后的张资平

　　1928 年 3 月,张资平应成仿吾之邀前往上海。作为"创造社的准第一期人物"②,张资平原本有机会借此多多接

---

① 成仿吾:《全部的批判之必要——如何才能转换方向的考察》,《创造月刊》1928 年第 1 卷第 10 期。
② "创造社的准第一期人物"是张资平的自况,他自认为与创造社的关系并不密切,在创造社的"曙期"并未直接参与意见和管理,主要是因与郭沫若、郁达夫等人的私人关系而为创造社提供稿件。见张资平《读创造社》,史秉慧编《张资平评传》,现代书局 1932 年版,第 141—178 页。

触社务，进入管理，改变以往单纯因私人关系而与创造社结合的"编外作者"身份，但由于与王独清等后期创造社"小伙计"的冲突，他离开创造社另辟天地，成立了四马路小书店中的一家——乐群书店。① 新创办的《乐群》借用时兴的关键词，打起了"另一种革命"的旗帜。② 张资平自己也声称要"转换方向"③（虽然这个颇为突兀的"转换方向"旋即遭到多方讥讽④）。在众多新兴的书店中，乐群并不是资本雄厚、特色突出的一家，但由于主要集资者和管理者张资平作为恋爱小说家已经声名在外，加之与创造社之间的纠葛，乐群书店一时颇为引人注目。对于张资平而言，脱离创造社是一个重要事件。此前，虽然张资平的创作已经因肉欲气息和结构雷同，遭到来自创造社内外的批评。但因创作社在青年读者中自由先锋的姿态，创造社同人自我褒贬仍然留有余地，他早期的恋爱故事尚且博得具有

---

① 张资平与创造社的分离主要是经济和人事方面的原因。具体纠葛见王独清的《创造社——我和它的始终与它底总账》（王独清：《独清文艺论集》，光华书局1932年版）和张资平的《读创造社——给王独清漏了几件历史的事实的补遗——给王独清改窜了的几项历史的事实的订正》（史秉慧编：《张资平评传》，现代书局1932年版）。

② 《另一种革命》是《乐群》半月刊创刊号的第一篇，相当于发刊词。所谓"另一种革命"，具体指面对出版家压迫著作家和成名作家压迫未成名作家这两种情况，号召青年作者起来"革命"。可见，与当时的大多数同人杂志一样，《乐群》创刊的动力之一是为同人开辟一块发表的园地。

③ "论我的作品，截至1926年冬止写《最后的幸福》后，就没有再写那一类作品了。无论从前发表过如何浪漫的作品，只要今后能够转换方向前进。"（见张资平《编后并答辩》，《乐群》第1卷第2期。）

④ 最为著名的当数鲁迅的《论张资平氏的"小说学"》，《鲁迅全集》第4卷，人民文学出版社2005年版，第235页。

"人道主义"倾向的肯定。① 及至张资平自主筹资开办书店、创办杂志,他脱离创造社之后的行为乃至创作都不再被谅解,往往被视为对革命文学的"投机"。

虽然左翼作家对《乐群》和张资平讥讽不止,但纵观《乐群》杂志,其内容的确与其时的左翼文学运动基本同调。内容方面,除了一般性的诗歌和文学史译介,还译介了高尔基的作品和论文,翻译反映阶级革命的小说。《乐群》的作者群体也与当时一般左翼刊物并无太大差异。主要供稿人除了张资平、陈勺水以外,还有《资本论》最早的中译者陈启修(陈豹隐),张资平在创造社时的友人周毓英、周乐山、金石声、陶晶孙等。张资平也确如自己"转换方向"时许诺的,不再写作"三角恋爱"小说,转而翻译和写作左翼的作品。

1928年的张资平并不"多产",他似乎在调整自己的步伐,一方面把精力投入书店的经营和杂志的编辑,另一方面不断翻译日本文学作品。② 在这一年他为数不多的创作中,有两种现象值得注意。

---

① 1935年郑伯奇在介绍创造社时对张资平早期的创作持肯定态度:"在初期,他描写两性关系的小说,还提供一些社会问题。或者写义理与性爱的冲突,或者写因社会地位而引起的恋爱悲剧。……可是,性生活的观察渐渐引他入了歧路。"(见郑伯奇《导言》,《中国新文学大系·小说三集》,上海文艺出版社1981年影印本,第16页)
② 这一年张资平的创作仅有《青春》《绿霉火腿》《冰河时代》《残灰里的星火》。

一　对国民革命的摹写

提起张资平,最容易让人联想到的标签是鲁迅讥讽的那个"△",即"三角恋爱小说家"。也许是个人趣味和才华所限,不管怎样"转向",他的小说似乎都无法摆脱肉欲的气息和三角恋爱的结构。但是,在1928年,他少见地写作了两篇相对单纯地表现知识分子的短篇小说。一篇是《LUMPEN INTELLGENTSIA在上海》,另一篇是《寒夜》(与十几年后巴金探讨同类问题的著名作品同名)①。两篇小说相隔不到一个月,都以国民革命为背景,都有一个叫作V的主人公。耽于人物关系复杂化的张资平,在这两篇小说中却笔触平淡朴素,人物关系简约,情节单一,除了必要的人物对话以外,大部分笔力都集中在主人公的内心感受和往事回忆上,与以往注重外在情节的作品不同,这两篇小说更像"发生在心里"的故事。

V原本受聘于W市的某大学,但由于革命战事的影响,大学关闭,V生活无着之际只好加入某党,参与党部的宣传工作,从而目睹了革命队伍中的种种不堪。稍后,V流落上海,迫于生活压力转向文学创作和书店经营。这样的经历似曾相识。1926年秋,张资平经郭沫若推荐被任命

---

①　《LUMPEN INTELLGENTSIA在上海》和《寒夜》均创作于1928年年底。前者写于1928年11月29日,后发表在1929年1月1日新改版后的《乐群》月刊上;后者写于1928年12月20日,后发表在1929年第1卷第2期《乐群》上。

海派文学的历史转型(1927—1937)

为北伐军总政治部国际编译局的编译委员，军衔少校，不久晋升为中校。① 1927 年 7 月，由于"清党运动"，避居牯岭。次年 3 月，张资平受成仿吾之邀来上海参与创造社的管理工作，但不久因稿酬问题与创造社分道扬镳，自办乐群书店。② 将 V 与张资平的经历两相对照，这两篇小说显然具有很强的"自叙传"色彩。作为一个常常被批评也常常选择驳辩的作家，张资平并不太吝啬于剖白自己，他也是比较早写作自传的现代作家之一。③ 可是那些叙述大都局限于少年时期的个人经历和创造社时期的杂忆，他中年之后的经历绝少涉及④。《LUMPEN INTELLGENTSIA 在上海》和《寒夜》的意义在于从一个侧面填补了张资平对国民革命的观感。⑤

主人公 V 迫于生计，经友人推荐加入某党，参与革命后的宣传工作，可是在情感上，V 始终是一个革命的"旁

---

① 见徐仲佳《张资平著译年表》，《新文学史料》2002 年第 4 期。
② 国民革命后，经过短暂的蛰伏，张资平寓居上海时首先面临的是生存的危机。在谈到创办乐群书店的起因时，张资平并不避讳他借"新书业"谋生的企图："我和几位青年合办乐群，目的是为一面做点文化工作，一面维持失业的友人及无出路的青年的生活"（见张资平《我与乐群》，史秉慧编《张资平评传》，现代书局 1932 年版，第 131 页）。
③ 张资平的第一部自传《脱了轨道的星球》，仅稍晚于 1929 年的郭沫若自传《我的幼年》。
④ 早在 1931 年，《现代文学评论》就连载了张资平的第一部自传《脱了轨道的星球》。这部自传仅仅叙述了作家的少年经历（从童年时代起笔，写到十七岁考上两广高等巡警学堂）。1934 年出版的《资平自传——从黄龙到五色》（第一出版社 1934 年版）作为《脱了轨道的星球》的补充，也仅仅延续到二十一岁东渡日本的最初生涯。张资平的其他杂忆文字大多聚焦在与创造社的关系上，如《曙新期的创造社》（载《现代》1933 年第 3 卷第 2 期）。
⑤ "LUMPEN INTELLGENTSIA"可译为"破落的知识分子"，或者根据小说情节直译为"失业的知识分子"。

观者",他所经历的是知识分子在革命活动中的种种"不适应"。这些"不适应"首先表现在对革命活动形式的疑惑上。《LUMPEN INTELLGENTSIA在上海》叙写了一个不无滑稽的场景:包括主人公V在内的几位大学教授为生计加入党部后,负责宣传工作。那些年轻的革命青年要求他们去街上演讲宣传。他们来到自己的"责任田"一看才发现,分给他们的区域位于城郊的铁轨旁,除了过路的老农一个人都没有。几位大学教授只好蹲在铁轨上晒太阳,直等到饥肠辘辘,熬满"工时"才回去。

其次,革命胜利者成为新的剥削者。V眼中坐享革命果实的是这样一群人:

> 穿着褐黄呢绒军服,指头上带着两三个金戒指的军官。挂着金丝眼镜,打着皮绑腿的政治工作人员。胸前挂着一块白布,黑长的头发分披两边的兼办党务的投机学生。什么都不懂,手里尽拿着一个空的黑皮包,无争忙地东跑西跑的出风头的青年。还有无聊的,风来随风雨来随雨的投机的小政客。又还有新官僚新军阀的姨太太们。①

得胜者们在戏院歌舞升平,贫穷者仍流落街头;贫贱的车夫仍旧被得势的军官殴打,所谓"革命",不过是"换

---

① 张资平:《寒夜》,《乐群》1929年第1卷第2期。

了王朝"。

最令 V 愤慨的是所谓"革命者"对自我和他人的"双重标准":

> 自己穿五十元一套的西装是可以的,他人穿三十元的西装便是有小资产阶级的劣根性了。自己个人住月租三五十元的 Boarding room 尚一天道穷到黑,他人全家族住一间月租二三十元的房子便是有小资产阶级的劣根性了。……①

应该说 V 的这些感受都并不算特别,这样的故事在后来也不断重演。强迫知识分子参加"飞行集会"、上街宣传这样的要求在不久之后引起蒋光慈的反感,掀起一场"退党"风波②;戴白手套的革命者声称"代表"其他人实施公平和正义,鲁迅也一早就表示过疑虑③;"奴才"做了主人,不肯废去"老爷"的称呼,这样可怕的历史循环;"小资产阶级"正在成为批评他人最流行的道德语汇,连蒋光慈、茅盾这样的"同路人"也难以幸免……那些左翼文学的支持者们是敏感的,张资平对"革命"本身并不甚关心,他

---

① 见张资平《LUMPEN INTELLGENTSIA 在上海》,《乐群》1929 年第 1 卷第 1 期。
② 1930 年秋,蒋光慈不满左联上街暴动的要求,写了"退党书"。1930 年 10 月 20 日,中共中央正式发出通知,开除蒋光慈党籍,并同时在《红旗日报》发表消息《没落的小资产阶级蒋光赤被共产党开除党籍》。
③ 1927 年鲁迅就在《革命时代的文学》《革命文学》中表达过类似的疑虑。

的"旁观者"心态决定了他对国民革命的摹写不过是为了浇今日"穷愁"之块垒,有牢骚太盛之嫌。不过那些现象似乎从1927年的武汉直接移植到了20世纪30年代的上海,这大概也是张资平回忆"国民革命"的"言外之意"。刚刚脱离创造社,奔走谋生的他很快就被戴上"小说商"的帽子,而同样将文学作品商品化的昔日同僚却占据道德高地。无怪乎小说中的V愤愤不平地教导想借文学谋生的柳说:

> 我告诉你一个秘诀,你千万不要太老实了,说要写小说来维持生活,如果这样,就有人——还是以作品来维持生活的职业作家——来骂你了。你要摆架子,你要戴假面具,说是提倡新文化,要领导文坛,像这样子吹出去,你的作品自能维持生活了。自己明明做了职业的作家还可以骂人是通俗的职业作家,这岂不是一举两得么?①

不管怎样,在1928年能够借助文学化的感受将国民革命中的种种"荒诞"直言出来的作家还不多,如果继续深入下去,擅写女性的张资平未必不能写出《动摇》一类的作品。遗憾的是作家没有将这些最为直觉的感受进行下去,仅仅止步于一定程度的自我表达和牢骚抒发,很快就回到他熟悉的创作路数上去了。

---

① 张资平:《LUMPEN INTELLGENTSIA 在上海》,《乐群》1929 年第 1 卷第 1 期。

二 "革命文学"的试笔

除了对刚刚过去的那场革命的简短回忆，1928年的张资平如他自己承诺的那样，在创作上也开始了他"转换方向"的努力。《乐群》上连载的长篇小说《残灰里的星火》（未完）是他这一阶段比较重要的尝试。《残灰里的星火》是张资平为《乐群》专门撰写的长篇小说，也是他"转换方向"宣言后实践的第一个长篇小说。可惜连载未完，张资平就因病赴日，之后一直没有续笔，所以并未收入作品集，仅见于《乐群》半月刊第四期（1928年11月15日）、改版后的《乐群》月刊第1卷第1期（1929年1月1日），以及《乐群》月刊第1卷第2期（1929年2月1日）。

从现存的残篇看来，《残灰里的星火》似乎有意写成《少年漂泊者》式"成长小说"，文中描写了一个流落农村的城市青年阿璋如何在生活际遇中——经历种种社会不公，逐渐坚定完善自我、改造社会的理想，如果情节继续发展下去，阿璋也许会选择"革命"作为人生的出路和理想的归宿，最终成为和汪中一样义无反顾的革命者。

阿璋本生于小康之家，他的父亲在城里开办私塾，但因与教民争地，被囚三年，出狱即亡。时刻谨记父仇的阿璋"立志对那些苦待我们穷苦人的压迫阶级报仇"。他试图秉承父亲的意愿，去当一个"完全人"。所谓"完全人"就是克服"三件事及一种人"——"克服酒、克服色、克服金钱和克服有钱使势的人"。① 小说也力图在少年阿璋"乡村—城镇—部队"的行旅中逐一自我发现、自我反省,乃至自我忏悔,最终达到心智力量上的成熟。在这个过程中,小说贯串了张资平创作中挥之不去的基督教情结,充满了一个少年与肉体博弈的忏悔意识。少年阿璋的体内热情奔流,"父死之打击,母亲常常淌着眼泪的勉励,把他的斗争欲,向上欲,获得欲,名誉欲,激发得非常猛烈。他有充分的自信能克服三件事及一种人"。因为他原本就不爱喝酒;远房伯父的筹算和收买也使他很轻易就看穿了有产阶级的虚伪——"他到这时候,才知道天下最可怜的是无过于想受有钱有势者的怜悯,向有钱有势者诉苦的穷人。他到这时候,才知道做一个人,无论如何穷苦,决不可向有钱有势的人乞怜诉苦,只要自己去努力改造自己的命运,自己虽然穷苦,不难翻穷为富……"但是,唯独肉体的情欲深深植根在这个少年青春饱满的身体中,阻碍他成为一个"完全人"。从家乡青梅竹马的菊儿、二舅娘、月娥,到部队参谋长的姨太太,每一个女性都成为他生命中的一场试炼。透过少年阿璋情欲悸动的双眼,每个女子都在读者面前绽露别样的风情,她们有意无意的举手投足都充满了肉欲的气息。写惯了恋爱小说的张资平,即便有意向"革命"攀缘,试图让他的主人公成为"少年漂泊者"那样不断寻找出路的革命小将,但仍不免将笔力向自己熟悉的情

---

① 张资平:《残灰里的星火》(续),《乐群》1929 年第 1 期。

欲描写倾斜。张资平无力描绘《短裤党》那样波澜壮阔的革命场面，他悉心描绘的仍然是三三两两"身边"的故事。

三 转向后的"尴尬"——兼及《青春》被湮没的始终

1928年是张资平自称"转换方向"的一年，不管是真情还是假意，这一年他并不虚言。张资平的确在文学活动和文学创作中试图"转型"——开办左翼色彩的书店和杂志，试笔写作革命小将的"成长史"。然而人的情志趣味和书写惯性并不易改变。正如《残灰里的星火》中对少年革命意识成长的预设不知不觉地被个人情欲的挣扎所取消那样，张资平太容易回到自己熟悉的内容和写法中去。如果说后来的《明珠与黑炭》中对"革命"的"虚置"，是作家在"革命＋恋爱"流行潮流中的有意为之，那么《残灰里的星火》则表现了张资平在平衡情欲与其他主题之间的力不从心。作家克制不住对个体的欲望挣扎的兴趣，阿璋终究没办法成为汪中，一个少年的成长之旅成为情欲之旅，而这个体内部的欲海浮沉无力将复杂的社会内容包罗进来，总是循环地指向自身的忏悔意识，这忏悔又缺乏陀思妥耶夫斯基式的变化和深度，不停地在同一地平面上盘旋。张资平的笔触没有向深邃广阔处延伸，而是搁浅在他稔熟的感官故事中。作为刚刚过去的国民革命的亲身经历者和当时并不多见的女性身体欲望的聚焦者，张资平也许与茅盾一样，有资本开启现代文学的另一个书写领域。令人遗憾的是，作家错失了这个机会，仅仅重复了五四"自叙传"的传统，满足于自我表达和牢骚影射。这一切都决定了张资平写作的限度。

作家的文坛境遇固然与创作本体的成败得失密不可分，另一方面也受制于批评语境、文学生产等外部环境。今天大概很少有人知道张资平曾经创作过一部名为《青春》的长篇小说了。原因很简单，这部小说出单行本后立即被全国性地勒令封杀，不但现代书局的原始纸板被销毁，而且各个省市的分销也被勒令查禁。① 《青春》首发在1928年1月1日的《创造月刊》上，之后很快出过单行本，1929年7月旋即被查禁。② 1932年为躲避查禁，小说更名为《黑恋》，仍旧由现代书局出版。由此，《青春》不见，《黑恋》犹存，有关《青春》的一段往事就此被掩埋。

《青春》虽然短命，但也留有回响。小说发表后不久，汪倜然曾经写过一篇同名的批评。除了对小说套路雷同、缺少自我超越的批评，汪氏和那个时代所有的批评家一样习惯于用某种"现实"的标尺来对作品进行衡量。

---

① 初版本的《青春》大概甚为稀少，根据徐仲佳《张资平著译年表》的记载，《青春》1929年3月由现代书局初版，后转由南强书局1929年7月出版，10月再版，1930年4月三版（参见徐仲佳《张资平著译年表》，《新文学史料》2002年第4期）。

② 徐仲佳所编《张资平著译年表》称《青春》是在1931年6月被禁，此处有误。因为1929年7月河北省政府已经收到国民政府训令，责令查禁现代书局版《青春》（见《河北省政府训令第四二六二号》及原函附件，《河北省政府公报》第341期）。据此推测，《青春》几乎出版两三个月之后即被全国封查。

作者似乎想写一些现在的革命青年，我们不知道他的态度如何，但是他所写的革命青年如君展，T，何清，等人，都不是健全的革命青年，都不是现在的革命青年底代表。①

有趣的是，《青春》一方面因反映的"不真实、不健全"为左翼阵营所批评，同时又因同样的原因被国民政府严厉查禁。国民政府的查禁令称这部小说：

言论荒谬，以冷嘲热骂之口吻任意诋叱本党，污蔑国民革命。苟不严予查禁属有害人心。因即去函该局言辞申诉，除饬其销存，该书及原版一并送交属部验明销毁，并将作者住址详细开列以资考核，外复责其此后不得更事承印或代售此类书籍，以免遗患。但恐外间或有流传是非，各地一律查禁不为。……乞赐令全国各地党部一律严禁以绝流传。②

纸板销毁，全国查禁，甚至作者住址都要登记在册，对《青春》的查禁令可谓严厉，乐群书店后来也难逃厄运。③

不知冥冥中是否确有深意，这本被湮没的《青春》恰

---

① 汪倜然：《青春》，史秉慧编《张资平评传》，现代书局1932年版，第48页。
② 《河北省政府训令第四二六二号》文件后"抄原函"，《河北省政府公报》第341期。
③ 1931年3月，乐群书店被国民党江苏高等法院第二法院以"出售反动书籍"为名查封。

如张资平文坛境遇的一个隐喻。20世纪20年代末30年代初，张资平正如这本小说所面临的尴尬：在国民政府看来，他与一般的左翼分子无异，出版出售"反动书籍"，甚至撰写"污蔑国民革命"的小说；但是在左翼作家眼中，他仍然是那个写作"三角""四角"恋爱的小说家，脱离创造社之后更沦为"小说商"。即便有如钱杏邨那样的"期待者"（钱杏邨虽在对张资平"转向"前作品的系统总结中提出批评，但他终究希望这种"总结"能够成为一种"终结"，对作家的"转向"抱有某种程度的希望①，毕竟老舍、巴金等人都还没有写出他们最好的作品，文坛缺少成熟的有号召力的作家），但是做过短暂尝试的张资平无意继续寻找突破，仅仅满足于由"革命"元素带来的新销路，在1928年后集中出炉了《明珠与黑炭》《红雾》等内里肉欲恋爱，外面披挂革命外衣的长篇小说，终于使批评家失去了耐心：

> 张资平在他显示了要转变以后，他的作品还是和他没有转变以前的全无差异：意识是如故，内容是如故，形式是如故。②

经过短暂的自我调适，张资平与"革命"终于渐行渐远。

---

① 钱杏邨希冀张资平在"努力克服残余的小资产阶级的病态，以及个人主义的情绪，努力的去把握普罗的阶级的意识"之后能够产生"一个扩大的新局面"（见钱杏邨《张资平的恋爱小说》，史秉慧编《张资平评传》，现代书局1932年版，第20页）。
② 皮凡：《〈红雾〉之检讨》，史秉慧编《张资平评传》，现代书局1932年版。

第二节　新感觉派同人的左翼文学实践[①]

今天回顾新感觉派作家的成长历程的时候，人们会惊奇地发现这些以"现代主义"文学实践而著称的青年作家，起笔时居然都曾经青睐过左翼文学。

一　左翼文学的创作选择

仅以 1928 年为例：1928 年 3 月，施蛰存、戴望舒、杜衡与前来"避难"的冯雪峰一同编辑了一份名为《文学工厂》的同人刊物。[②] 这份刊物中的重要文章有杜衡（署名苏汶）翻译的《无产阶级艺术底批评》、小说《黑寡妇街》，冯雪峰（署名画室）的《革命与智识阶级》《莫斯科的五月祭》，施蛰存（署名安华）的小说《追》，戴望舒的诗歌《断指》《放火的人们》等。这份小刊物曾试图依托光华书局来发出自己的声音，怎奈它明显的"左"倾内容令书商望而却步，最终未能出版。时值"新书业"兴起，刘呐鸥

[①] 此处采用"新感觉派同人"一词其实并不准确，文中的新感觉派同人主要指施蛰存、杜衡、戴望舒三人，并不包括刘呐鸥和穆时英。

[②] 1929 年第 1 卷第 2 期《新文艺》的"转向"声明历来被视为"革命文学论争"影响下，新感觉派同人跟随潮流"转向"的标志。其实早在此前的 1928 年，新感觉派同人就已经进行了一系列的左翼文学活动。

的归来带来了资金的支持,这些文学青年索性开办了自己的书店,在出售书籍的同时,开辟了"自己的园地"。这就是1928年9月上海四川北路和西宝兴路口出现的第一线书店和文艺半月刊《无轨列车》。与之前的《文学工厂》一样,这份刊物有着鲜明的左翼色彩,到1928年年底,第一线书店就因"宣传赤化嫌疑"而被勒令"停止营业",《无轨列车》出至第八期被迫停刊,国民党将其列入查禁反动刊物,罪状为"籍无产阶级文学,宣传阶级斗争,鼓吹共产主义"①。

二 "戏仿"抑或"真诚"

热衷技巧翻新,展示都市景观的新感觉派作家为何追随左翼文学潮流,这个现象历来被研究者们视为作家们"趋新"的潮流选择,被当作对革命文学的"戏仿"而非真诚的创作选择。这个解释主要是受施蛰存对20世纪二三十年代上海"新兴文学"和"尖端文学"的叙述的启发。1984年施蛰存撰文回忆早期文学活动时写道:

> 刘灿波喜欢文学和电影。文学方面,他喜欢的是所谓"新兴文学","尖端文学"。新兴文学是指十月

---

① 1928年的第一线书店只是新感觉派同人左翼文学实践的开始,1929年刘呐鸥等人又另起炉灶开办了水沫书店,出版《新文艺》月刊,并筹办《科学的艺术论丛书》,经由冯雪峰的穿针引线,这些活动都直接或间接地得到了鲁迅、茅盾的支持。

革命之后兴起的苏联文学。尖端文学的意义似乎广一些，除了苏联文学之外，还有新流派的资产阶级文学。他高兴谈历史唯物主义文艺理论，也高兴谈弗洛伊德的性心理文艺分析。看电影，就谈德美苏三国电影导演的新手法。总之，当时在日本流行的文学风尚，他每天都会不绝地谈一阵。我和望舒当然受了他不少影响。①

以往的分析多强调左翼文学历史语境中的先锋性，着眼于它在文学风尚层面与其他文学潮流别无二致的"流行"，成为解决新感觉派作家文学观念与早期创作实践之间"矛盾"的关键。由此，一个顺理成章的推论即是，新感觉派作家接受异域文学（包括左翼文学）的主要动因是"'新兴'、'尖端'是取舍的重要标准"，"也就是说，这些文学都是因为新、流行而被接受的，意识形态倒是其次的事"。②

这个判断对于刘呐鸥这样国民身份奇特的人而言也许具有相当的真实性（事实上施蛰存此处语境中原本描述的也主要是刘呐鸥的文学观念）③，但若考虑施蛰存、戴望舒、杜衡的早期经历，就不得不承认这一时期的文学实践与作

---

① 施蛰存：《我们经营过的三个书店》，《沙上的脚迹》，辽宁教育出版社1995年版，第13页。
② 张勇：《"摩登主义文学"研究（上海，1927—1937）》，博士学位论文，清华大学，2007年。
③ 刘呐鸥对外自称福建人，实际上是日本占领时期的台湾人，作为特殊政治时代的产物，他的国籍多有"模糊"之处。

家政治意识形态倾向之间的关联了。

三 "文坛三剑客"的"赤色岁月"

要理解这一时期作家的创作选择，首先需要了解的是20世纪20年代的上海大学，被赵景深称为"文坛三剑客"的施蛰存、戴望舒、杜衡一同在那里开始了他们的"赤色岁月"。①

（一）上海大学

上海大学是党办的第二个学校。原来有个私立东南高等师范专科学校，这个学校的校长想用办学的名义来发财，方法是登广告宣传他这个学校有哪些名人、学者（例如陈望道、邵力子、陈独秀）任教职，学费极高。学生都慕名而来，思想比较进步的青年，来自全国各地。开学后上课，却不见名人，就质问校长，于是学生团结起来，赶走了校长，收回已交的学费。这时学生中有与党有联系的，就来找党，要党来接办这学校。但中央考虑，还是请国民党出面办这学校于学校的发展有利，且筹款也方便些，就告诉原东南高等师范闹风潮的学生，应由他们派代表请于右任出来

---

① 赵景深：《戴望舒、施蛰存和杜衡》，《我与文坛》，上海古籍出版社1999年版。

担任校长，改校名为上海大学。于是于右任就当了上海大学的校长，但只是挂名，实际办事全靠共产党员。

……

一九二三年春，邓中夏到上海大学任总务长（总务长职权是管理全校行政事务），决定设立社会学系、中国文学系、英国文学系和俄国文学系。随后瞿秋白也来了，担任教务长，兼社会学系主任。①

就在邓中夏、瞿秋白来到上海大学之后不久，施蛰存也转学来到这所气象一新的学校。1923年10月，刚刚入学一个月的施蛰存就在上海大学成立一周年纪念会上发言，热情谈论他作为一名大学生对这所大学新鲜的感受：

> 今年暑假以前，我也曾在一所大学里做过学生。但我只觉得丝毫没有得到一点大学生的学问，也没有干过一些大学生应有的活动。我所得到的，至多只能说住过好些时的高大洋房，多记得好几个英文名词罢了。
>
> ……
>
> 因为我曾经历过些时不像大学生的大学生活，所以一进上海大学立刻就觉得两样，虽然我是一个很冷静的人，但在这样活泼的上海大学中涵泳着，我也不

---

① 茅盾：《文学与政治的交错》，《茅盾全集·回忆录一集》第34卷，人民文学出版社1997年版，第250—251页。

知不觉地好活动起来。①

　　这所大学的"与众不同"首先表现在学生方面。当时上海大学设施简陋,被人戏称为"弄堂大学",但它的学生却"秉着刚毅不拔的勇气,从很远很远的地方赶到这上海大学来,不是来享福,不是来顶大学生招牌。他们是能忍苦求学,预备做建造新中国的工人的"②。在这些同窗中,有一位"坐在前排的姑娘"就是后来著名的女作家丁玲。③

　　上海大学吸引少年施蛰存的重要原因是它早有闻名的教师。1923年在入学之前,施蛰存就从报纸杂志上拜读了瞿秋白、施存统等人的文章,大受吸引。入学之后,上海大学的教授对学生社会活动的鼓励也赢得了施蛰存的感戴。"他们并不愿意一天到晚坐在讲坛上死教学生,他们也很知道大学生——尤其是现在中国的大学生,在研究学问之外,还有许多事要做。所以在旁的大学中的教授以为应当阻止学生、压迫学生的事,上海大学的教授却偏偏都很热心地帮助学生、指导学生。"④ 盘点民国时期上海大学的教师,其中很多都是早期中共领导人,如瞿秋白、萧楚女、邓中夏、蔡和森、恽代英、张太雷等。上海大学以它激进的革

---

① 施蛰存:《上海大学的精神》,《民国日报·觉悟》1923年10月23日。
② 同上。
③ 1979年6月,施蛰存作《怀丁玲四首》,其中一首回忆与丁玲在上海大学同窗时的景象:"滔滔不竭瞿秋白,六月青云同侍讲,讷讷难言田寿昌。当时背影未曾忘。"见施蛰存《沙上的脚迹》,辽宁教育出版社1995年版,第103页。
④ 施蛰存:《上海大学的精神》,《民国日报·觉悟》1923年10月23日。

命风貌在当时就赢得"南有黄埔，北有上大"的美称。由于与中共早期活动的密切关系，上海大学后来被学者们称为"红色学府""革命摇篮"，被当作侧面展示中国共产党创建时期历史风貌的有效案例。① 十八九岁是最易热情激动的年纪，如果身处政治空气浓厚，鼓励学生运动的环境，师友大多也具有党派身份，热衷革命，在此情况下，青年人选择激进革命大概是顺理成章的。与年老而愈加尖刻的杜衡不同，我们今天对施蛰存的印象大多是温和持重的，这印象主要来自 20 世纪 80 年代以来的一系列回忆文章和学者访谈。岁月使一位老人沉淀出经历和年龄相称的"温和"是再自然不过的事情，但不应忘记的是青年施蛰存曾经的"激烈"也是一种"真实"（其实，晚年施蛰存接受访谈时谈及青春岁月，也自陈当时是"很革命的"："我很革命的，那个时候，我虽进了教会大学之江大学，但我却参加反宗教活动……我后来进了'上海大学'，就更加革命了。"② 但是这样的说法由于与文学史的"定评"相悖，并未被充分注意）。

　　1925 年秋冬，虽然已经转入震旦大学，但施蛰存、戴望舒、杜衡的政治热情不改，他们一同加入 CY（中国共产主义青年团），参加秘密集会，并承担了"发传单"的任务，多年后施蛰存还生动地记述了当时发传单的"技巧"。

---

① 相关著作见叶文心：*The Alienated Academy：Culture and Politics in Republic China* (1919—1937)，Harvard University Asia Center，2000。
② 见朱健国对施蛰存访谈的录音整理资料（朱健国：《施蛰存的第五扇窗户》，《文学自由谈》2004 年第 3 期）。

  关于团员工作的一切通知，都是由一名交通员送来的。这个交通员是一个伶俐的青年，他会神不知鬼不觉的出现在我们寝室门口，悄悄地塞给我们一份通知，一份简报，或一叠要我们散发的传单。我们接到发传单的任务，便在一个晚上，八九点钟，三个一起出去散步。在拉斐德路（复兴中路），马思南路（思南路），吕班路（重庆南路）一带，一个人走在前，留神前面有没有巡捕走来。一个人走在后面，提防后面有人跟踪。走在中间的便从口袋里抽出预先折小的传单，塞入每家大门上的信箱里，或门缝里。有时到小店里去买一盒火柴，一包纸烟，随手塞一张传单在柜台底下。①

  在施蛰存从容不迫的叙述中，我们几乎可以体验到那个时代危险中的几分趣味，正义的目的、群体的共鸣，加上无时无刻的潜在惊险，还有什么比这些更能吸引年轻的心灵？他们一同做了"新的梦"，杜衡甚至一度考虑成为职业革命者。②

---

① 施蛰存：《震旦二年》，《沙上的脚迹》，辽宁教育出版社 1995 年版，第 6 页。
② 杜衡的文学实践相当早，在 1927 年之前他就写作了多篇反映青年恋爱生活的小说（后收入短篇小说集《石榴花》），但是政治生活渐渐吸引了他，以至于有将近一年的"搁笔"，他甚至曾经立志成为职业革命者。五六年之后，杜衡回忆起自己第一次"搁笔"时写道："一九二六年下半年起，我却有整整一年之久没有写一写东西，而且也不想写。我做了新的梦；我当时很以这次的'投笔'（不是'搁笔'）为幸，从此不打算再在文字方面发展"（见杜衡《在理智与情感底冲突中的十年》，楼适夷主编《创作的经验》，天马书店 1933 年版）。

然而，革命毕竟不是请客吃饭，不是绘画绣花，也不是几个青年一时热情的私人冒险，革命是有后果的，是需要付出代价的。不久，这样"三人行"的"从容不迫"就遇到了真实的暴力。就在北伐军进入上海的六七天前，戴望舒和杜衡在参加团部聚会时被捕。关于被捕时的详细情形，两位当事人都没有留下具体的回忆文字。不过根据施蛰存事后的叙述，两人被捆住手足，吊在一个特制的高架上被拷问是否是共产党，接着与其他被拘押的犯人一同在巡捕房的长凳上过了一夜，第二天早晨又在不安中吃了一碗"断头面"，后来被一位在租界里担任法官的同学父亲营救出来。① 这次"涉险"对几位青年震动不小，以至于后来冯雪峰建议他们恢复组织关系的时候被他们婉言谢绝。

（二）与冯雪峰的交往

"四一二"之后，震旦校园到处张贴反共标语，充满了恐怖气氛。施蛰存等人卖掉家具，付清房租，散伙回家，施蛰存晚年回忆道："1927年4月12日，这一天结束了我的学校生活，也结束了我刚开始不久的政治生活。"② 但是他们与左翼的关系并未就此断绝，冯雪峰的出现直接影响了他们的初期左翼文学实践。

---

① 施蛰存：《震旦二年》，《沙上的脚迹》，辽宁教育出版社1995年版，第9页。
② 施蛰存：《文艺百话·引言》，《文艺百话》，华东师范大学出版社1994年版，第1页。

冯雪峰与新感觉派同人的交往是考察左翼文学与新感觉派文学关系的一条线索。虽然通过书信，他已与施蛰存、杜衡"神交"已久，但他的最终"现身"还是颇有几分戏剧性。1928年年初，冯雪峰来信称自己已经决定南归，但有一位红楼知己相随，需要朋友们寄钱赎身。正值青春，尚未世故，茶花女、红拂妓并非多么难以相信的传说。施蛰存、戴望舒、杜衡三人慷慨解囊凑足四百元汇去，等待期间不免诸多浪漫猜想。雪峰到松江时才实言以告，茶花女纯属子虚乌有，不过是北京的其他革命同志出逃需要资金，草船借箭罢了。①

刚刚受过牢狱之灾，又从上海动乱中退却的几位青年，偏安一隅，不免颓唐。杜衡说："动乱的1927年，我苟全性命，狼狈回到乡里，此后既不读书，又无职业，同时也没有勇气再提起笔杆来。……老友望舒也和我一样穷极无聊。"② 冯雪峰的到来某种程度上缓解了他们的无所适从。他加入了"三剑客"的"文学工厂"，并积极把苏联文学和文艺理论介绍给他的朋友们。"他在一九二七年，已在北京北新书局出版了三本介绍苏联文学的书，都是升曙梦著作的译本，我们认为他是当时有系统地介绍苏联文艺的功臣。他的工作对我们起了相当的影响，使我们开始注意

---

① 相关情况见施蛰存《最后一个老朋友——冯雪峰》，《沙上的脚迹》，辽宁教育出版社1995年版，第124页。
② 杜衡：《在理智与情感底冲突中的十年》，楼适夷主编《创作的经验》，天马书店1933年版。

苏联文学。"① 冯雪峰还鼓励这些年轻的朋友创作反映阶级斗争的作品。1928年夏季，杜衡"下了除有积极的意义的东西之外一概不写的决心"。创作了以工人斗争为题材的《黑寡妇街》，作品获得冯雪峰的赞赏之后，杜衡"像找到了新生似的满意"，紧接着又创作了《机器沉默的时代》。②如果说刘呐鸥的"新兴文学"介绍对新感觉派作家的影响甚巨，那么冯雪峰的对苏联文学的引介和左翼立场，对当时原本就是左翼青年的新感觉派同人至少也有着差不多的影响。1928年的"文学工厂"以及这一时期新感觉派作家的左翼创作和刊物的左翼倾向，大都与冯雪峰有关。

如果考察个人经历，新感觉派作家早期的左翼实践其实并不是个多么复杂的问题。因为他们原本就是左翼青年，他们的教育环境、社会氛围和师友影响都决定了他们政治上的"左"倾，更何况他们也确实曾经直接参与过实际的"革命活动"，虽然比较短暂。如果说国共合作破裂后退回上海的那些老将新兵具有相当强烈的内在需求，需要将他们的政治诉求转化为文学诉求，那么同理，这些遭受过小"挫折"的左翼青年是否也会有相似的冲动，去将失落的政治理想辗转地表达出来？20岁出头的青年，一切都还未定，尚在实践摸索中，在文学创作之初，选取符合自己政治兴趣和立场的文学潮流进行模仿，我们究竟有多少理由去怀

---

① 杜衡：《在理智与情感底冲突中的十年》，楼适夷主编《创作的经验》，天马书店1933年版。
② 同上。

疑他们的真诚?①

第三节　革命"叫卖"——革命文学论争中的创造社"小伙计"

近年来，随着海派文学研究的深入，海派文学与左翼文学的关系成为又一个值得关注的生长点。在整理一般公认的海派作家和左翼作家图谱的时候，后期创造社是二者之间最为显著的重叠之处。1995 年，吴福辉划定四大海派小说创作群时就划定了后期创造社的"小伙计"叶灵凤②，自此，无论是许道明的《海派文学论》，还是李今的《海派小说与现代都市文化》，叶灵凤总是一道不可或缺的风景。姚玳玫的《1924—1926：生存夹缠与中期创造社的海派变异》一文沿着叶灵凤的线索触摸到整个创造社"小伙计"群体的共同"海派"倾向，首次提出创造社的"海派化"

---

① 施蛰存、杜衡的左翼文学实践应该与刘呐鸥的尝试相区分。虽然刘呐鸥也曾经尝试过把阶级反抗的主题与都市男女相结合，但很显然，这种结合是偶然为之的单篇创作（刘呐鸥《都市风景线》小说集中的第三篇《流》，在叙述都市男女你来我往的情感试探和肉体游戏时，穿插了一个罢工的故事。男主角是一个被资本家收买的工头，小说结尾他放弃了现世安稳，加入属于自己的阶级队伍中。刘呐鸥：《都市风景线》，百花文艺出版社 2005 年影印本），与施蛰存、杜衡此一时期相当集中的左翼文学实践有着本质的不同。

② 吴福辉：《都市漩流中的海派小说》，湖南教育出版社 1995 年版。

的问题。① 她认为，1926年6月《幻洲》半月刊投靠光华书局，"表明'小伙计'与创造社群体已呈离异之态……显然，寄生于创造社的城市泼皮青年群体，已走上另一条路……从某种意义上说，《幻洲》半月刊已是一份地道的青年海派刊物，称叶灵凤等为海派文学青年，并不为过"②。创造社的分裂沿着两条理路进行，"一部分人向左转，成为无产阶级革命文学的倡导者——最激进的时代文学家；另一部分人：迷恋于享乐趣味的现世主义者（如张资平）和泼皮而垮掉的都市十字街头流浪汉（如叶灵凤等），则蜕变为海派，成为转型后的新一代海派作家"③。

一 "海派"是"革命文学"阵营的主导部分之一

在1928年中国文坛最为瞩目的"普罗列塔利亚文学"

---

① 关于创造社的精神气质问题，20世纪30年代的鲁迅和瞿秋白都曾有所涉及。鲁迅当年有个颇为"别致"的发现，他窥破创造社一贯的先锋反叛姿态，把他们和晚清以来的上海市民文化对接起来，所谓"才子+流氓"就是这种精神气质的概括（鲁迅：《上海文艺之一瞥》，《鲁迅全集》第4卷，人民文学出版社2005年版）。瞿秋白也从城乡对峙的视域出发，认为与鲁迅这样的来自农村，与"中国的受尽了欺骗压榨束缚愚弄的农民群众"有内在联系的知识分子相比，创造社和太阳社有着"都市化"和"摩登化"的倾向，他们是一群"都市里的'薄海民'（Bohemian）"（瞿秋白：《〈鲁迅杂感选集〉序言》，《鲁迅杂感选集》，青光书局1933年版）。如果说郭沫若等"元老"虽然不免流氓气，但仍旧紧贴政治诉求，尚且相对严肃的话，那么这样的精神气质在创造社的"小伙计"身上就更加突出了。
② 姚玳玫：《1924—1926：生存夹缠与中期创造社的海派变异》，《文化演绎中的图像：中国近现代文学/美术个案解读》，广东人民出版社2010年版。
③ 姚玳玫：《想像女性——海派小说（1892—1949）的叙事》，中国社会科学出版社2004年版。

的讨论中,赵景深注意到,同唱革命文学高歌的阵营内部其实并非铁板一块,大体分为"三团":

> 如《文化批判》《流沙》是一团,《戈壁》《战线》是一团,《太阳月刊》是一团,《泰东》《流萤》跟着在摇旗呐喊。这三团都是主张普罗列塔利亚文艺的,但意见略有不同……①

在上海书店、报刊蜂起的背景下,刊物往往聚散、重组着文人集团。赵景深提到的"三团"背后大体是三个不同的文人集团,即《文化批判》背后的创造社,《太阳月刊》背后的太阳社,《戈壁》《战线》背后的创造社"小伙计"。② 虽然除此之外还有其他倾向革命文学的刊物,但确如研究者指出的那样,"这三个团体及其各自控制的刊物系列,大体构成了'革命文学'阵营的主导部分"③。

如果姚玳玫有关创造社"小伙计"文化身份的立论能够成立的话,另一个有点"冒险"的推论就呼之欲出了——海派文学青年曾经作为一支独立的力量,深入地参与了那场

---

① 憬深(赵景深):《十七年度中国文坛之回顾》,《申报·艺术界》1929年1月6日。
② 创造社出版部成立时正值北伐前夜,郭沫若、郁达夫、成仿吾等"元老"南下革命,实际操持事务的是一群"小伙计",他们是主持日常工作的周全平,美术文学两面出击的叶灵凤,还有潘汉年,加上后来的周毓英、柯仲平等人。
③ 刘震:《左翼文学运动的兴起与上海新书业:1928—1930》,人民文学出版社2008年版。

著名的革命文学论争。那么,将创造社的"小伙计"从创造社中分离出来,考察他们在那场论争中的策略和姿态,就不仅仅是凸显左翼文学的内部差异,也是海派文学研究课题中的应有之义了。

二 从《幻洲》到《戈壁》《战线》

"叛逆"似乎特别容易获得文学青年的青睐,五四时代的《新青年》、后来的创造社都曾以反权威的姿态获得共鸣,到了20世纪20年代后半期,由创造社"小伙计"主办的《幻洲》等刊物再次以这样的特质在青年中一纸风行。姚玳玫将《幻洲》的特色总结为城市主义的"泼皮垮掉",王元化则谓之与当代痞子文学相通的"流氓气"和"痞子气"。[①] 也恰与几十年后王朔的热销一样,当年的《幻洲》正是以"骂声"标新立异吸引读者的。

《幻洲》和《莽原》是读者定位类似的青年刊物,《幻洲》的热销直接影响到《莽原》。1926年鲁迅在给韦素园的信中写到《幻洲》对《莽原》的影响:

> 《狂飙》已经看到四期,逐渐单调起来了。较可注意的倒是《幻洲》(《莽原》在上海减少百份,也许是受它的影响,因为学生的购买力只有这些)。但第二期

---

① 王元化:《〈幻洲〉记略》,《王元化集》第7卷,湖北教育出版社2007年版,第191页。

已不及第一期,未卜后来如何。①

1927年年初鲁迅再次谈及《幻洲》的风行:

闻创造社中人说,《莽原》每期约可销四十本。最风行的是《幻洲》,每期可销六百余。②

80年代,冯亦代也忆及他作为《幻洲》狂热读者的情形:

很早的时候,我就读过灵凤和潘汉年合编的《幻洲》,而且是个狂热的读者,因为我早已憧憬于文学事业,看了《幻洲》,似乎使我与文学更为接近了。③

仅仅出版20期后,《幻洲》就于1928年1月被查封了。两三个月之后,《战线》(潘汉年主编)和《戈壁》(叶灵凤主编)相继诞生,这两个刊物与《幻洲》有着前后相继的关系(早在《幻洲》时期,分别由叶灵凤和潘汉年主编的"象牙之塔"和"十字街头"就已显示了巨大的风格差异,借《幻洲》停刊,两位主编索性自立门户,各自发展)。

---

① 鲁迅:《致韦素园(1926年11月9日)》,《鲁迅全集》第11卷,人民文学出版社2005年版,第610—611页。
② 鲁迅:《致韦素园(1927年1月26日)》,《鲁迅全集》第12卷,人民文学出版社2005年版,第16—17页。
③ 冯亦代:《读叶灵凤〈读书随笔〉》,《读书》1988年第8期。

《戈壁》创刊于1928年5月,由光华书局发行。对于"戈壁"这个名字,潘汉年曾经有过题解:"戈壁者,《幻洲》被禁以后的一片沙漠也。"由此可见,《戈壁》与《幻洲》的血脉关系。

《戈壁》不改《幻洲》的锐利风格。该刊的征稿简章对此有鲜明的定位:"本刊之创设,在摆脱一切旧势力的压迫与束缚,以期能成一无顾忌地自由发表思想之刊物……"急需"一无顾忌""自由发表"的思想,具体到刊物本身无疑是屡屡遭到官方打压的左翼思想。创刊号上,叶灵凤就编发了题为《马克思的死与葬》的小专题。该专题下是恩格斯的两篇著作,一篇是1883年3月15日恩格斯写给沙基的信,恩格斯在信中详述了马克思的病逝经过;另一篇便是著名的恩格斯《在马克思墓前的讲话》。《戈壁》第三期上又发表了托洛斯基的《涅灵访问记》。叶灵凤还亲自操刀翻译了不少苏俄作品,如俄国女革命家费娜·费格娜的自传《一个革命者的回忆》《新俄诗选》。如此鲜明的不加隐晦的左翼色彩,杂志的命运不难预料。二十几岁的叶灵凤毫无惧色,他在《杂志新语》中坦然说"横竖预备查禁"。果然,《戈壁》只存活了短短两个月,出版了四期便难以为继了。

1928年春《战线》的出版。不同于《幻洲》和《戈壁》,《战线》是更为精悍的周刊,它也可以视为《幻洲》的副刊。早在《幻洲》时期,潘汉年就开始筹备《战线》。在《幻洲》第2卷第7期上,他曾预告说:"小小的半月刊——《幻洲》,

事实上不能容纳大家呐喊几声,我们觉得在这个青年被杀的革命时代,虽含痛殊深,说话的机会总该有一个,所以我们又决定在泰东图书局出版一个为我们青年说话的周刊叫《战线》。"启事中将《战线》当作《幻洲》的副刊。适逢革命文学论争。潘汉年也和其他"创造社"的激进青年作家一样加入了论争,基本与"创造社"和"太阳社"取同调。《战线》第一期上就发表了攻击鲁迅的文章,文章延续了"十字街头"的"骂战"风格,从所谓"态度、气量和年纪"方面进行个人攻击(鲁迅作《我的态度气量和年纪》一文予以回击)。《战线》出版到第五期,即被国民党当局以"攻击国府"的罪名查禁。

从《幻洲》到《戈壁》《战线》,潘汉年和叶灵凤的刊物一直秉承着颠覆文化权威,叛逆绝叫的姿态。参与革命文学论争,除了响应"文坛号召",也是延续了他们自身对文化权威抵抗性的态度。这种"流氓主义"与真诚的革命意识相结合造就了在青年中的"一纸风行",革命经由这种"包装"成为叫卖的"商品"。然而不管这种"叫卖"有多少商业化的嫌疑,这样的"流氓主义"毕竟与《金屋》《狮吼》之类的回避政治的刊物不同,《戈壁》《战线》屡屡被禁的命运以及潘汉年毋庸置疑的职业革命家身份都印证了他们的左翼性质。

第三章 分疏聚合:海派作家与文艺论争

如上一章的不完全考证所例证的那样,20世纪20年代末海派文学与左翼文学的"共生性"主要根植于特定历史时期的作家身份——他们的左翼"前身"奠定了海派文学与左翼文学初期的"共生"关系。然而,不管微观上仍旧有多少胶着难辨之处,到了30年代海派文学已经呈现出独特的风貌,以刊物为核心聚合而成的文人集团也与左翼渐行渐远,甚至分庭抗礼。这让人不禁追问,这个从左翼中"离散"的过程是怎样的?又有哪些事件促成了这种分裂?

20世纪30年代的中国文坛是热闹的,各种论辩、论争风起云涌;同时也是荒芜的,在京津的沈从文远远观望着,不禁慨叹那些夹杂着意气和偏见的争论于创作并无多少效果,大多有意无意地充当了书商的"广告",在文学的麦场收获丰硕的往往是那些远离纷争,默默耕耘的人。① 后来文学创作的"实绩"证实了这个观察的清醒，不过就另一方面而言，也正是这些泥沙俱下的论争大浪淘沙，将作家们聚散重组，也正是经过了这些论争，紧密的更紧密，疏离的更疏离，今天的文学史尽管犬牙交错，但也相对清晰。这个年代自有它的魅力，"虽然它有太多的偏见和小心眼；虽然它单调的洋八股有点讨人厌"，但它仍不愧是一个"智力活跃的时代"。② 只是"那种紧张，毛躁的心情"并未过去，它的影响远比张爱玲所感受的更加深远。尽管文学创作未必与政治取向同一，但值得注意的是，那些拥有左翼"前身"的海派作家，在艰难时世和生存夹缠中没能成为坚定的布尔什维克，他们甚至不若张恨水这样的旧派文人风骨傲立，很多人后来政治上最终走向了它的"反面"，构成历史背后一个令人费解的迷思，凡此种种，大都与20世纪30年代的文艺论争有关。

第一节 《叛徒》的时代境遇——从一个角度看"第三种人"论争之后的杜衡

"革命"是20世纪30年代中国文学的时尚，不论作品

---

① 沈从文：《现代中国文学的小感想》，《沈从文全集》第7卷，北岳文艺出版社2002年版。
② 张爱玲：《银宫就学记》，《流言》，北京十月文艺出版社2006年版，第86页。

的成败，几乎所有以革命为题材的长篇小说都迅速地获得了书商和文坛的关注。从蒋光慈的《少年漂泊者》到茅盾的《蚀》三部曲，再到白薇的《炸弹与征鸟》，无不风行一时。1934年，杜衡也搭上了"革命＋恋爱"的末班车，写作了他的第一部长篇小说《叛徒》。然而，就是这样一部由风头正建的青年评论家写作的小说，首先连载在有影响力的大杂志上，又囊括了革命、恋爱、暗杀等诸多"流行"元素的作品，在当时却并未收获多少关注。① 小说刚刚连载时，由于题材内容的敏感（涉及党内高层的权力斗争和对"立三路线"的质疑等），加之刚刚停歇的"文艺自由论辩""京海之争"的余波，杜衡曾经预测作品会受到"非难，责问，攻击"。② 但是令人意外的是，批评界似乎对这部小说并不感兴趣，从连载起就甚少评论。对于一位作家而言，倾尽心力，却投石无声，这大概是比遭遇责难、争议更令人沮丧的了。小说初版半年之后，作家就不无自嘲地表达了这种颓唐：

> 这里面的故事乱七八糟，根本像一个噩梦；自己也是在乱七八糟中零零碎碎地成了这部书，相隔一久，

---

① 《叛徒》原名《再亮些》，写作于1934年2—3月，5月起在《现代》杂志连载，11月因杂志改版停止［载《现代》1934年第5卷第1期至第5期和第6卷第1期（未刊完）］。杜衡并未因连载的中辍而停止创作，1935年5月20日小说全部脱稿，年底更名为《叛徒》结集出版。这一版据杜衡所言，印数极少，加之发行不力，几乎没有与读者见面的机会，因此1936年5月杜衡又促成了今代书局的再版，希望他的作品能够获得更多的读者（见杜衡《叛徒·前言》，今代书店1936年版。本书所引均为今代书店版）。
② 杜衡：《杜衡书信（二）》，孔另境编《现代作家书简》，生活书店1936年版，第44—48页。

似乎也没有从新把它来记忆一遍的必要,只是,自己在开始写作时的那种热望,刚写成时的那种热望,却多少还能够记得一点起来,现在回想到这些情形,便又像受了一次幻影底欺骗。人,太看重自己是跟太看轻自己同样地会把自己残害的。①

是什么造就了作品的境遇?冷遇是来自作品本身的乏善可陈,还是批评界的有意"封杀"?这种境遇背后隐藏着怎样不可言说的隐忧?从梁启超的"小说与群治"起,小说在中国就不再仅仅是"戏说",而是与"家国兴亡"大有关联,特别是那些关涉政治、革命的文本往往像个乔装打扮的女巫,不经意间一语成谶,道破天机。就《叛徒》而言,它在多重历史语境中的境遇如何,这部作品在什么意义上更加值得重视,真实与虚构之间的限度在哪里,值得探究。

一 批评界的"冷遇"

杜衡很早就醉心创作,他的文学实践甚至早于他的朋友施蛰存和戴望舒。大约在 1923 年,他就在郁达夫《沉沦》的忧郁气质感染下写作了一系列"拟自叙传"小说。②在普罗文学实践时期,戴望舒有《断指》,施蛰存有《追》,

---

① 杜衡:《叛徒·前言》,今代书店 1936 年版。
② 作品大多收入《石榴花》,1928 年 9 月由第一线书店出版。这些以青春男女爱情为题材的作品都浸透着郁达夫式的感伤忧郁和直抒胸臆。

杜衡则有《黑寡妇街》和《机器沉默的时候》。然而，戴望舒很快赢得了"雨巷诗人"的桂冠，施蛰存也迅速走出普罗文学的试笔阶段，进入了自己擅长的题材领域，《上元灯》以委婉细腻的古典情志和"性心理"的现代描摹在文坛另辟蹊径，继而又以《将军底头》《石秀》等历史系列作品树立了自己鲜明的风格。到了 20 世纪 30 年代，杜衡虽然也已经出版了两部短篇小说集①，却都如投石入水，微澜之后了无生息。《怀乡集》中的小说大都首发于草创时期的《现代》杂志，经过近三年的沉默，在戴望舒的"激将"之下杜衡热情复燃，一下子拿出 12 篇作品接连发表在《现代》上。② 但如此密集的发表并未引来多少"回响"，与当时爆得大名的穆时英相比③，杜衡的创作并不为人注意，这与他创作本身的独异性缺失有关。杜衡不像他的朋友们那般醉心于文学技法的"新变"，他秉持的仍是五四感伤小说、身边小说和乡土文学的传统，在书写对象和深度方面都未见新意，又缺乏情欲裸露的吸引力，在文学潮流日新月异的上海文坛自然不易引发关注。④ 但是与大多数有"启

---

① 这两部作品分别是《石榴花》和《怀乡集》。前者 1928 年 9 月由第一线书店出版，后者 1933 年 5 月由现代书局出版。
② 杜衡此一时期的创作和发表经历，参见杜衡《怀乡集·序》，现代书局 1933 年版。
③ 穆时英的《南北极》很快引起左翼文坛的注意，舒月、巴人和瞿秋白等人都密切关注他的创作，远在京津的沈从文也撰文批评。
④ 《石榴花》几乎全部是日记体和书信体，或者二者的杂糅，以"拟自叙传"的情感方式抒发青年男女的恋爱心事。《怀乡集》多描写都市文人的生活穷愁，也描写知识分子精神"返乡"所遭遇的失落（《怀乡病》，正如有的研究者指出的那样，批阅《怀乡集》中的《怀乡病》发现杜衡居然是鲁迅的私淑弟子）。

蒙情结"的文学从业者类似,杜衡一面窥破文字应对现实时的无所作为,一面又像私人嗜好一般难以割舍:

> 在对于文学的热心恢复了之后,我还时常以为,文学是没出息,尤其是对于社会。我是感情的倾向于这样想,可是我底理智却不许我这样想。在整个写作过程中,我是被这重矛盾所支配着。①

就在那场著名的"文艺自由"论战之后,杜衡写作了他的第一篇长篇小说——《叛徒》(原名《再亮些》)。几番试验,几番搁笔,对文学终归热情难却的杜衡,对第一部长篇小说所寄予的厚望可想而知。

可惜这部作品出版后仍然应者寥寥。公开的意见大约只有鲁迅的愤怒②:

> 天才们无论怎样说大话,归根结蒂,还是不能凭空创造。描神画鬼,毫无对证,本可以专靠了神思,所谓"天马行空"似的挥写了,然而他们写出来的,也不过是三只眼,长颈子,就是在常见的人体上,增加了眼睛一只,增长了颈子二三尺而已。这算什么本领,这算什么创造?

---

① 杜衡:《怀乡集·自序》,现代书局1933年版。
② 除此之外还有一篇书评。苏茹:《〈苦果〉与〈叛徒〉》,《是非公论》1936年第13期。

地球上不只一个世界，实际上的不同，比人们空想中的阴阳两界还厉害。这一世界中人，会轻蔑，憎恶，压迫，恐怖，杀戮别一世界中人，然而他不知道，因此他也写不出，于是他自称"第三种人"，他"为艺术而艺术"，他即使写了出来，也不过是三只眼，长着颈子而已。"再亮些"？不要骗人罢！你们的眼睛在那里呢？①

　　与另外两处的"顺手一击"不同②，在这篇专门谈论文学的短文中，鲁迅主要从创作的角度剖析了杜衡的"症结"。在鲁迅看来，杜衡的写作缺乏创造力。他不过是跟风模仿，在既有的题材和人物上添枝加叶，这种缺乏创造力的结果就是"在常见的人体上，增加了眼睛一只，增长了颈子二三尺"，行了杜撰丑化之实。鲁迅进一步分析这种创造力缺乏的根源在于作家立场和视野的局限。杜衡是站在两个世界之外的"第三种人"，他的旁观身份决定了他不能了解革命者被屠杀、被压迫的实情，"因此他也写不出"。鲁迅深爱"战斗的文字"，对小说一开篇就流露出来的沮丧不以为然，在推介叶紫的时候以杜衡作参照，行文语气比在《论"第三种人"》时更加严厉。

　　除此之外，左翼文坛对《叛徒》几乎毫无反应。对这

---

① 鲁迅：《叶紫作〈丰收〉序》，《鲁迅全集》第 6 卷，人民文学出版社 2005 年版，第 227 页。
② 另外两处分别是《略论梅兰芳及其他（下）》和《五论"文人相轻"——明术》。

种颇为奇怪的现象，杜衡阵营的刘易士后来将其归结为左翼文坛的有意为之——左翼尽力避免使小说"引起读者的注意，使之冷却，以免扩大影响"①。刘易士的解释大概有一定的真实性。《再亮些》刚刚在《现代》连载的时候，左翼作家张瓴曾经写作过一篇名为《奉献与杜衡一类人》的文章寄给杜衡。②张瓴认为这篇小说侮辱了革命，"企图在前驱者底血迹上抹上一层非议"，间接服务于敌人。可能是出于"冷处理"的策略，这篇业已成型的文章最终也并未面世。③

不仅左翼阵营有意沉默，杜衡的朋友们也悄无声息。可以想见，私下里杜衡的朋友们都看过这本书，甚至提出过修改意见。《叛徒》半年之后再版时，杜衡拒绝了朋友们的意见，坚持不做修改，保持初版时的原貌。

> 那（哪）些话是多说的，那（哪）些话是少说的，反正已经是这么回事，知我罪我，一切都听命于人，掩饰和辩白都是一无是处。因此，对于看了这本书而提出过意见的朋友，我是只能在这里空空地道谢一声，可是，我不能照他们所希望的再来把书本改动了，这

---

① 刘易士（纪弦）：《纪弦回忆录》，联合文学出版社 2001 年版，第 81—82 页。
② 张瓴是左翼作家，也曾在《现代》上发表过诗作（《肺结核患者》，《现代》1934 年第 5 卷第 3 期）。
③ 张瓴的文章没有被保存下来，文章的主要内容是根据杜衡的回信推测的。参见杜衡《杜衡书信（二）》，孔另境编《现代作家书简》，生活书店 1936 年版，第 44—48 页。

一次，以及将来。①

朋友们的意见是什么，希望杜衡怎样修改，双方曾有过怎样的争论和辩白，如今都已不得而知。既然明知会遇到责难，作家为何仍旧冒险写这样一部"不讨好"的作品？他创作的内在驱动是什么？《叛徒》究竟写了什么，令敌友双方都选择沉默？既然沉默是来自两方面的，就不仅仅是私人纠葛那么简单。

二 革命的"情意结"

与他的朋友相比，杜衡对于政治恐怕是最为热情的。早在震旦大学期间，他就参加了 CY（中国共产主义青年团），后来甚至一度打算放弃文学，成为职业革命者。短暂的入狱经历虽然让他看到"血污"的一面，心有余悸，但他的政治热情并未消磨殆尽，他一度与左翼走得很近，在冯雪峰的鼓励下努力创作反映阶级革命、工人暴动的小说，后来又在冯雪峰的介绍下加入了左联，出席了左联的成立大会。

在创作上，杜衡曾经有过一段"左而不作"的经历，而这"左右为难"的纠结正源自他难以割舍的"革命情意结"。1928 年，他"不甘心写只供青年男女消遣的作品"，

---

① 杜衡：《叛徒·前言》，今代书店 1936 年版。

一度决心"把文学底社会意义来郑重地考量"。但是在两篇以工人斗争为题材的小说之后,他感到了创作的力不从心:

> 本来我写工人生活的小说,是带勉强性的。所见本属有限,除一些群众运动底场面尚可说有相当亲身的体验外,其余材料,都象(像)林琴南翻译西文一样,用耳朵代替眼睛;耳朵不足,继之以想象;想象不到,则以文字底魔术来掩饰。虽然颇具匠心,到底捉襟见肘。①

文字构架的技巧并不能够弥补生活经验的缺失,杜衡对这样的创作并不满意,他"这架小说机器便也沉默了起来",但又不知何去何从,紧接着是将近两年的"搁笔"。

1930年,在戴望舒的鼓励下,再次萌发创作热情的杜衡不再触碰那些"带勉强性"的工人小说,转而写作以城市知识分子为表现题材的作品。那些作品不再热情洋溢,大多琐琐碎碎地讲述五四青年人到中年时的平凡生活,理想的光辉退去,布满人间烟火气。这样的创作转变几乎与作家本人的身份变化同调。左翼青年从激进的战场上退下,走回到日常生活,笔耕谋生。然而昔日的追求与今日生存的艰难对杜衡来说同样鲜明难忘,一个是前尘的情之所钟,一个是目下的切身之痛。由此可以理解为何杜衡在涉及革命与文学关系的"文艺自由论辩"和上海"文人生活状态"

---

① 杜衡:《在理智与情感底冲突中的十年》,楼适夷主编《创作的经验》,天马书店1933年版。

的"京海之争"中，展示了同样的热情和敏感。

正是借这场"文艺自由论辩"，杜衡有机会重新看待自己"左而不作"的创作困境，很大程度上他将其归结为左翼文坛的"横暴"。但是正如鲁迅指出的那样，这"横暴"很大程度上是杜衡自己"心造的幻影"。无论是哪种文学潮流，无论是多么强势的文学批评，只要它并未与强权相结合，从根本上都仍属于自由的论辩，作家并未丧失选择的自由。杜衡的感受很大程度上恰恰来自他的"自我规训"（当然，他并不愿意承认）。他的矛盾和痛苦在于一方面不愿意服从政治意图要求下的创作理念，另一方面对左翼的政治理想仍怀有热情。此时的杜衡和左翼在基本政治立场上差距不大，"文艺自由论辩"最终能够取得某种"和解"的姿态原因也正在于此。"文艺自由论辩"虽然已经停歇，但杜衡的"革命情意结"反而被激发，他在稍后创作的长篇小说《叛徒》中延伸了对"革命"的种种思考。

《叛徒》在《现代》连载时有个颇为奇怪的名字——《再亮些》。为了解释这个有点摸不着头脑的名字，小说原本设计了一个题解（在出单行本的时候小说更名为《叛徒》，同时删掉了题解）。"再亮些"据说是歌德临终前的最后一句话。这位文学大师为自己钟爱的浮士德安排了一个天使来临、灵魂飞升的美满结局，但是当他自己身处方生方死之间，却喊出"再亮些，再亮些……"这样令人费解的呼求。若是正在前往应许中的平静安稳，如浮士德一般扶翼千里，不断飞往那永恒的荣耀和光明，歌德为何如此不安，呼叫"再亮些"？他的灵魂究竟是在堕入地狱，还是飞往天堂？他是否看到了那应许中的光明国度？在生命的最后一刻，歌德为他的信仰与坚持留下一个难解的谜题。结合小说内容，杜衡选取歌德这句莫衷一是的遗言，大概正是要表达这种信仰和理想在临终一刻的动摇和迟疑。作家在题解中概括了两代人的命运：一代是"为自己的理想而活也为自己的理想而死"，一代是一出世便"从一个不够先（鲜）明的烟雾里成长；他是差不多在刚开始意识到自己存在那时候起，就会从被黑暗所包裹住的灵魂底深处时时刻地绝叫着——'再亮些，再亮些！'"杜衡着意表现的便是这后一代，他们有过理想，但是丧失了最初的简单明快，内心时时被疑虑的黑暗所包裹。杜衡和其《叛徒》中的主人公老张，从某种意义上说都是这样的人。这部作品少见地披露了革命阵营内部的权力之争，它所内蕴的作家的心路历程，与时代构成的奇特互文都值得重新检阅。

三 "一个被背叛的遗嘱"——《叛徒》与"瞿秋白事件"的互文

《叛徒》文如其名，讲述了一个革命"叛徒"的故事。老张青年热血时曾参加北伐，后来成为中共上海地下党的领导。时值党内政策变幻无定，"盲动主义"盛行，老张拼命压抑自己和他人的种种疑虑不安，继续坚持大规模的公开的群众运动。自然，这些运动都理所当然地失败了。老张的压抑理性、服从组织命令的行为并未为他赢得组织的信任。相反，鉴于屡败屡战，党组织派来了钦差大臣式的人物"小胡须"。"小胡须"的到来大大地挑战了老张在组织内的权威。他的倨傲在老张眼中都折射为个人私怨的排挤。很快，老张被"小胡须"取而代之，不但昔日战友重新站队、倒戈相向，身为职业革命者的老张更面临"衣食无着"的窘迫景况。穷愁之间，幸得红颜安慰，倾慕已久的女革命者刘静慧反而由此走入他的生活。然而好景不长，由于叛徒出卖，老张被捕了。国民党运用反间计，使老张误以为自己的被捕是由于"小胡须"的出卖，激愤之下写下"悔过书"，并转而成为蓝衣社的暗探。

"投敌"后的老张良心未泯，他既不愿意出卖昔日同志，又不得不对敌人虚与委蛇，迁延之际遇到中共在国民党内部的卧底熊子方。熊子方是个完美的革命者，正像年轻时的老张，他身上有着令老张着迷的纯粹。熊子方几次试图劝服老张重新回到组织，并利用新身份在敌方卧底，继续服务革命，虽然他情词恳切，但仍然未能打动老张。因为在老张心中，他已经距离昔日的理想很远。昔日理想的光辉在现实斗争的肮脏中早已被玷污，他不愿意回到党内去臣服于"小胡须"，承认那些莫须有的"错误"，更不愿意参与"欺骗，或甚至是罪恶的那许多把戏"，在最深处，他怀疑，是否能够在终极理想的名义下将理想实现路途上的罪恶都当作理所当然。

最终令老张痛下决心重返革命的是熊子方的牺牲。在同志前行的血中,老张与其说找回了对革命最初的理想,不如说他是被内心一时的感动和愧疚所驱动,这样的动力自然难以持久。所幸作家无意以时间来考验老张的信心,他为老张安排了一个"激情杀人"的结局。老张发现昔日的爱人和同志刘静薏居然成了汤定武的"金丝雀",愤怒之下枪杀了二人,自己也走向了毁灭。

(一) 情节的"本事考"

之所以用冗长的篇幅来叙述这部小说,是因为在今天看来这部作品中有太多的"非虚构"成分。小说连载不久,左翼作家张瓴就曾致信杜衡,对小说的"真实性"提出质疑,认为作品中对革命的很多认识都是"恶意的捏造"。对此,杜衡的回答相当"强硬":

> "再亮些"是表现着我和跟我一"类"的人对中国革命诸姿态的认识。我并不企图抹杀,但也不打算"讳疾"。假如你以为这种认识是捏造,是恶意的捏造,那么难道一定要逼我罗列出事实上的证据来?[①]

当时的争论没有"后文",杜衡也就没有去"罗列事实上的证据"。今天若是为这个颇为复杂的故事做一个不太严

---

① 杜衡:《致立贞函一通》,孔另境编《现代作家书简》,生活书店1937年版,第47页。

格的"本事考",的确可以寻到不少似是而非的"蛛丝马迹"(鉴于杜衡很少直接参与左翼活动,很可能如有的研究者推测的那样——他的素材来源于杨邨人)①:小说的"盲动主义"背景显然是"立三路线"之下的上海;被党内同志屡屡争议的"飞行集会",在现实中也同样引人反感,以此为导火线的蒋光慈退党、开除事件就是一例;"小胡须"初来乍到的钦差之态颇似王明;刘静薏原本对革命并无定意,但爱人的被捕与被杀反令她走上革命道路,这与丁玲的经历何其相似;刘静薏在革命阵营内部所感受到的情欲的目光和不被尊重的戏谑,白薇也曾感受,并写入了她的文学创作……在这些"本事考"中最令人感慨的莫过于与"瞿秋白事件"的种种暗合。

1934年年初,政治上早已"失势"的瞿秋白在中共中央的决议之下离开上海。瞿秋白走后一两个月,杜衡开始了他的第一部长篇小说《再亮些》的创作。1935年2月23日,由于叛徒出卖,瞿秋白在福建长汀被逮捕。1935年5月17—22日,瞿秋白自知命运已无法更改,他写下了人生最后的告白——《多余的话》(正是这篇不长的文字致使瞿秋白在"文化大革命"时期被"追认"为"叛徒",以致自己与母亲都被暴骨扬灰)。就在瞿秋白写下人生最后的文字的同时,杜衡也为他的主人公安排了一个"玉石俱

---

① 葛飞:《信仰与怀疑——论杜衡的长篇小说〈叛徒〉》,《文艺争鸣》2007年第5期。

焚"的结局。① 同年年底，小说结集出版的时候更名为"叛徒"——那个瞿秋白在《多余的话》中屡屡自陈的称谓。除去显而易见的情节暗合（如王明等人与瞿秋白之间的权力斗争、党内路线变幻等），更值得注意的是两部作品情绪气氛和思维理路之间的相通。

（二）深刻的疲乏感

按照素材来说，《叛徒》很容易被写成一部叙述紧凑的侦探小说或黑幕小说，然而整部作品读来却显得拖沓，它似乎有意回避和淡化所有激烈的场面（比如没有正面描写熊子方的被害，即使是老张被捕时的审讯，也没有《红岩》式的血泪渲染），全篇弥漫着挥之不去的疲惫感。主人公老张一出场就感到体力不支，精神倦怠。组织群众运动的他回想起曾经的革命岁月好似前生，他所有的热情都已在那时消失殆尽，虽然在人前仍然勉强抖擞精神，但他总是想要"休息"。熊子方牺牲后，老张虽然重新与组织接头，"重新回到革命队伍"，但他总像个局外人，沮丧倦怠无时无刻不在困扰着他。

瞿秋白死后不久，《社会新闻》上曾经摘要编发过部分《多余的话》。由于《社会新闻》的国民党背景，当时很多人都不相信这是瞿秋白的手笔。瞿秋白的老朋友陆定一就认为这个文件是国民党的伪造，原因是这个文件"情绪消

---

① 《再亮些》完稿于1935年5月20日。

沉"。"情绪消沉"一直是《多余的话》引发争议的"症结",而这"情绪消沉"在很多时候恰恰表现为弥漫全篇的深刻的疲惫感。在这不长的文字里,瞿秋白反复表达身心的疲惫和对休息的渴望:

> 七八年来,我早已感觉到万分的厌倦。这种疲乏的感觉,有时候……简直厉害到无可形容,无可忍受的地步。我当时觉着,不管全宇宙的毁灭不毁灭,不管革命还是反革命等等,我只要休息,休息,休息!!好了,现在已经有了"永久休息"的机会。
>
> 我留下这几页给你们——我的最后的最坦白的老实话。永别了!判断一切的,当然是你们,而不是我,我只要休息。
>
> ……
>
> 我时常说,感觉到十年二十年没有睡觉似的疲劳,现在可以得到永久的"伟大的"可爱的睡眠了。
>
> ……
>
> 一生的精力已经用尽了,剩下的一个躯壳。
>
> ……
>
> 总之,滑稽剧始终是闭幕了。舞台上空洞洞的,有什么留恋也是枉然的了,好在得到的是"伟大的"休息……①

---

① 瞿秋白:《多余的话》,《瞿秋白文集·政治理论编》第7卷,人民文学出版社1993年版,第693—718页。

这样的疲惫和"永远休息"的渴望来自对自身角色的力不从心。

(三) 革命话语的脱落与私人生活的觉醒

与茅盾的《动摇》类似,《叛徒》一直笼罩着某种动荡不安的气氛。小说的开头杂糅了话剧的写法,简明扼要地将时间、地点、人物一一罗列,交代了本书是关于一个没有社会履历的边缘人的故事。

> 夜的都市,是罪恶与恐怖底统治……
> 时间　一九三×年四月尾
> 地点　上海
> 人物　全市人口统计所没有算在内的一个——对于这样的人,什么都不是固定的:职业,住址,甚至于姓名[①]

这样一个"人口统计"没有统计在内的人物,他的存在和消失都注定不会留下痕迹。主人公老张的出场充满了紧张和不安。上海的黑夜危机四伏,不但有落魄的白俄扒手,更有暗探无处不在的眼睛:"他什么也看不见,看见的只是眼睛,眼睛,眼睛。这些眼睛使他底神经从紧张到昏乱……"因为己方的盲动而导致风声鹤唳,同志不断被

---

① 杜衡:《叛徒》,今代书店 1936 年版。

捕,整个队伍惶惑不安。老张身处其中,屡屡遇险,自然也感同身受。但他同时又是个颇具个人魅力的领导,他很好地掩饰了自己内心的不安,以不经意间流露的轻松愉快来抚慰人心。

不过与刘静薏的一段对答暴露了他的脆弱。为何明知不可,仍然以卵击石,如此作为的目的何在?初出茅庐的女革命者刘静薏如此质问。老张首先肯定一个革命者是不应当怀疑的,不应当悲观的。接着将这种怀疑归结为阶级性的局限:小资产阶级出身的革命分子总是那么犹疑,群众却不会有那么多怀疑,他们的主观要求……刘静薏却以女性天然的直觉跳出这些理论话语,从常识断言:"照这样,群众是盲从的,而革命就是一个极大的冒险了。"你来我往的交锋中,明日的危机逼迫着老张的精神,疲惫像潮水一般涌来。在理性放松的时刻,性别的眼光突然觉醒了,老张脱去领导者、教育者的身份,还原成一个有血有肉的男人,刘静薏在他眼中也不再是事业的伙伴,而是"一个异性"!意识到这一点之后的老张,突然把手放在刘静薏的手臂上说:"你不要拿这些话来问我吧,我跟你是一样的。""我跟你是一样的"这句话有着太深的含义。老张对刘静薏的感受就是从这一句开始变化的。刘静薏是怎样的?老张是怎样的?他们在哪些方面是一样的?

刘静薏面容姣好,身材出众,一个了解自己优势的女孩,由于年轻的骄傲往往不屑于进行多么深入的思考,无论是对于社会,还是对于人生。她来往在众多青年之间,只问性情不问党派。但男友赵炎的被捕和牺牲扣醒了她的灵魂,她开始考虑人生的价值,开始选择可以为之奋斗和献身的事业。然而当她试图紧跟理论潮流,弄清"机会主义"等理论名词的时候常常陷入迷惑。她拒绝盲从,拒绝被那些似是而非、朝令夕改的理论所说服。她的内心又有着太多的疑问,这些疑问裹挟着她日夜不能安宁。同时,她不太"像"一个典型的革命者,她的自我,她的欲望都远远未被驯服,清教徒式的坚贞卓绝还没有内化成为她的一部分。老张说他和刘静薏是"一样的",有着双重含义:一方面,他承认与刘静薏一样对目前的盲动路线和变换的理论潮流疑惑不解;另一方面,他觉悟脱去这一切政治的缠累,他们不过是两个有着原始欲望的平凡的男人和女人。

草蛇灰线,伏脉千里。这一夜的争论不过是故事的开始。随着党内权力斗争的激烈,老张被迫为他所服从的盲动路线买单。昔日的战友重新站队,老张不但被排挤出领导岗位,而且衣食无着,他"像一个游行僧人似的到处要求着零星的帮助"。但与此同时,他不再需要在黑夜中穿行,可以闲庭信步于光明之下,有了观望春天的闲情逸致。"小资产阶级"的情趣,"中世纪的血液"一夜间重生。习惯于自我批判的老张虽然敏感于此,但仍不得不承认这样的"复苏"是他内心久违的温存。伴随着政治的"失势",老张却情场得意,迎来了刘静薏这位红颜知己。正是因为事业的沦落,老张得以放下领导的架子,将自己对于革命的种种怀疑和失望和盘托出，两个没有"自我改造"成功的人同声相契，反而结为患难伴侣。革命话语与私人生活似乎此消彼长：当革命的重担放下，世俗的趣味觉醒了；离开团体所赋予的身份，个体的身份得以重建。这样的此消彼长和身份错位也是瞿秋白的感受。

走到生命的穷途，瞿秋白终于脱去重重缠累，恢复了作为个体的面貌和身份。瞿秋白闲居上海之时已经受到党内排挤，但他热情不减，不断地在党内外发表政治文章，并且积极介入文学批评，指导文学实践（最为著名的当数对《子夜》写作的介入）。正如研究者指出的那样，他虽然"已经被王明们轰下了实际的政治舞台，但他作为政治家的角色意识并未消失，至少，马克思主义理论家的角色意识是十分强烈的"[1]。然而在《多余的话》中，瞿秋白回顾自己的一生，发现居然是一出"滑稽剧"，反思这出"滑稽剧"时他最大的发现是自己身份的"错位"。

他说自己"始终戴着面具"，当揭穿"最后一层面具"时，他发现自己本质上是个"文人"，而"历史的误会叫我这个'文人'勉强在革命的政治舞台上混了好些年"。"一个平凡甚至无聊的'文人'，却要他担负纪念的'政治领袖'的职务，这虽然可笑，却是事实。"他所感受到的是身份错位时，自我规训而不成的痛苦。"像我这样脆弱的人物，敷衍，消极，怠惰的分子，尤其重要的

---

[1] 王彬彬：《两个瞿秋白与一部〈子夜〉——从一个角度看文学与政治的歧途》，《南方文坛》2009年第1期。

是空洞的承认自己错误而根本不能转变自己的阶级意识和情绪"。

像老张一样,当瞿秋白彻底放下革命的话语,身份的重担时,日常生活的种种感受就扑面而来了。他细细列数自己心爱的书籍和吃食,写下了一个金圣叹式的结尾:

俄国高尔基的《四十年》《克里摩·萨摩京的生活》,屠格涅夫的《鲁定》,托尔斯泰的《安娜·卡列尼娜》,中国鲁迅的《阿Q正传》,茅盾的《动摇》,曹雪芹的《红楼梦》,都很可以再读一读。

中国的豆腐也是很好吃的东西,世界第一。

永别了![1]

当理论和政治的世界倒塌之后,愿他的灵魂在文字和食物中予之重建。

(四) 结局的"两端":浅俗与高蹈

虽然自称"叛徒",自认为已经"脱离革命队伍很久了",瞿秋白终究没有以任何理由叛变投敌。他说"我不是顾顺章,我是瞿秋白,我不愿做个出卖灵魂的人"[2]。杜衡笔下的老张则中了敌人的"离间计",出于对"小胡须"的

---

[1] 瞿秋白:《多余的话》,《瞿秋白文集》第7卷,人民文学出版社1993年版,第723页。

[2] 王观泉:《一个人和一个时代——瞿秋白传》,天津人民出版社1991年版,第641页。

私仇写下了"悔过书"。虽然老张在解除对"小胡须"的误会之后选择重回革命阵营，甚至冒着生命危险成为"双料间谍"，但他不是一个迷途知返的英雄，他身上世俗化的一面总是占据优势。最后手刃敌人，玉石俱焚，也并非出于家国大义，而是又一次出于"私仇"。老张虽然也有理性和信仰的纠结，但在关键时刻支配他行动的总是"权力"和"女人"，革命对于他来说遍布着"个人恩怨"的细节。无怪乎同时代的一位评论者评价杜衡笔下的人物时说，"他们没有很深刻的信仰，也没有很热烈的希望。他们只是彷徨，只是在活着，想法子活着就算了"①。安心于世俗苟活，以实际需求引导生活，这个观察的确非常敏锐。

杜衡说一味地歌功颂德是宣传家的本分，在自己是没有的。② 他有展示革命"阴暗面"并且拒不修改的勇气，但是过于世俗化的心态同样影响了人物的深刻——杜衡不能够理解内心痛苦反顾却仍然可以舍生取义的"高蹈"，他戳破革命的浪漫幻想却不能超越绝望的因素，他将理想的破灭和人生的错位着陆在卑俗的"悲观主义"上——这一切都注定了杜衡终究不能够写出瞿秋白那样的人物。

和《多余的话》在当时不被承认一样，《叛徒》所遭到的"冷遇"正显示了时代接受的限度。

二十年后（1952年10月16日），台湾《今日大陆》刊

---

① 苏茹：《〈苦果〉与〈叛徒〉》，《是非公论》1936年第13期。
② 杜衡：《杜衡书信（二）》，孔另境编《现代作家书简》，生活书店1936年版，第44—48页。

登了杜衡回忆"文艺自由论战"的文字。在杜衡的回忆中,"第三种人"论争后,他遭到了种种"迫害",刊物倒闭、投稿无门,其中的具体缘由今天看来有很多不实之处,比如《现代》的停刊主要与现代书局内部资方内讧有关,并非完全出于左翼作家的排挤,但杜衡将这些全部看作对他个人的"围剿",并且终其一生没能跳脱出来。

> 这一次的打击,决定了我半生沉滞的命运。三十至四十原为人生之盛年,我在此年龄,简直什么事情也没有作。
> ……①

这次论争在杜衡的心上投下沉重的,几近病态的阴影:

> 也许由于心理的变态,我有一个时期竟对整个文艺界都抱持反感,不仅不去关切,并且还要竭力回避。甚至在报纸上偶一看见那些我所不喜欢的名字,都会勾起不愉快的回忆,唯恐不及地把那报纸翻过。②

这篇回忆读起来并不令人愉快,它恰恰包括了杜衡当年所反感的左翼文坛的那些不良倾向——情绪化的表达、

---

① 戴杜衡:《一个被迫害的记录》,原载台湾《今日大陆》1952 年 10 月 16 日,转引自《鲁迅研究动态》1989 年第 2 期。
② 同上。

私人恩怨的纠缠……世俗化不仅仅限制了杜衡创作的深度，对革命的理解，也为他的一生设下了牢笼。

第二节 《庄子》《文选》之争中的施蛰存①

2003年，邵建在《小说评论》的专栏上接连刊载了两篇谈论"施鲁之争"的文章，为施蛰存鸣冤叫屈，称施蛰存经此论争"受到了极大的伤害"，指责鲁迅将私人事件上纲上线，而且谩骂攻讦。② 2004年王元培发表《也谈鲁迅的"骂人"及施鲁之争》对邵文进行批驳。③ 一段七十年前的"公案"再次回到人们的视野中。文艺论争总是泥沙俱下，夹杂着"你来我往"和"口不择言"的个人义气。然而是否能像施蛰存那样，将论争都看作"毫无疑义"的"吵架"？④ "问题在于必须尽可能地抓住其结合的构造，或者个人的动机和秉性通过理论发生作用的方式的规律性。倘若对此置若罔闻，把问题只归结为某个人的秉性和恶意，那就不仅将问题简单化，而且反而会导

---

① 《庄子》《文选》之争相关史料目录见本书附录二。
② 邵建：《施鲁之争》，《小说评论》2003年第4—5期。
③ 王元培：《也谈鲁迅的"骂人"及"施鲁之争"》，《海南师范学院学报》2004年第6期。
④ 1989年，在谈及与鲁迅的论争时，施蛰存说道："这场争论毫无疑义，左联的许多论争都毫无意义，是吵架。"（见张英鸣《施蛰存：执着的"新感觉"》，《社会科学报》2003年12月4日）

致对问题根本的批判模糊不清。"① 回到历史现场，那场《庄子》《文选》之争并不仅仅发生在鲁迅和施蛰存二人之间，仅以《申报·自由谈》为考量，参与者甚众，至少还包括高植、徐懋庸（署名致立）、陈子展、周木斋、梁园东、曹聚仁等人。

一　四面"突围"的"集团意识"

1933年9月29日，施蛰存应《大晚报》编辑之请为青年人推荐必读书目，他将《庄子》《文选》填入青年文学修养一栏，在道德修养一栏填入《论语》《孟子》《颜氏家训》三部书。这个表格后来刊登在《大晚报·火炬》上，就是这样一个偶然的"推介"引起了鲁迅的注意。

一周后，鲁迅在《申报·自由谈》上发表了《感旧》，感叹青年人中的复古倾向，忧虑旧鬼重来。这篇文章虽以施蛰存推荐《庄子》《文选》为写作由头，但原本并非针对一人一事，而是对新文化运动后战士分化，白话文推进迟缓，复古倾向屡屡重来心有所感。在10月16日的《"感旧"以后（下）》中，鲁迅的这种文化批判的意图展现得更清楚。在《感旧》中，鲁迅以昔日的朋友刘半农为例，痛感白话文运动战士们的流散和异化："当时的白话运动是胜利

---

① ［日］丸山升：《作为问题的1930年代——从"左联"研究、鲁迅研究的角度谈起》，《鲁迅·革命·历史：丸山升现代中国文学论集》，王俊文译，北京大学出版社2005年版，第198页。

了,有些战士,还因此爬了上去,但也因为爬了上去,就不但不再为白话战斗,并且将它踏在脚下,拿出古字来嘲笑钱(前)进的青年了。"①

《感旧》一文激起千层浪,作为当事人的施蛰存首先"精神过敏"(施蛰存在答辩文章中的自称),以为鲁迅此文是专门针对他而作,再次在《大晚报》上发表了《〈庄子〉与〈文选〉》,自己"对号入座"。在这篇文章中他假意不知"丰之余"是鲁迅的笔名,以鲁迅为例辩称新文学中也有旧文学的根底,更以"玩木刻"影射鲁迅对己对人的双重标准。② 这些影射讥讽确实都出自施蛰存的笔下,所以鲁迅后来说他"无端的诬赖,自己猜测,撒娇,装傻"其实并不为过。这样个人化的歪曲和讥讽自然引来鲁迅的"睚眦必报"。鲁迅接连写作《"感旧"以后(上)》《"感旧"以后(下)》《扑空》以及《扑空"正误"》与之交锋。施蛰存也以《推荐者的立场——〈庄子〉与〈文选〉之争》和《致黎烈文先生书——兼示丰之余先生》应战。

沿着鲁迅的思路,同时又涌现多篇文章围绕此事展开议题。这些文章有:

高植:《识字与用字》,《申报·自由谈》1933年10月19日。

---

① 丰之余(鲁迅):《感旧》,《申报·自由谈》1933年10月6日。
② "新文学家中,也有玩木刻,考校版本序,收罗藏书票,以骈体文为白话书信作序,甚至写字台上陈列了小摆设的,照丰之余先生的意见说来,难道他们是要以'今雅'立足于天地之间吗?我想他们也未必有此企图。"(见施蛰存《〈庄子〉与〈文选〉》,《申报·自由谈》1933年10月8日)

致立（徐懋庸）：《一点异议》，《申报·自由谈》1933年10月20日。

陈子展：《文选论》，《申报·自由谈》1933年10月21日。

曹聚仁：《谈"别字"》，《申报·自由谈》1933年10月22日。

陈子展：《再论"文选"》，《申报·自由谈》1933年10月23日。

周木斋：《"文学"与"道德"》，《申报·自由谈》1933年10月24日。

梁园东：《论词藻》，《申报·自由谈》1933年10月25日。

于时夏（陈子展）：《新"师说"》，《申报·自由谈》1933年10月29日。

虽然角度和理由不同，但这些文章都反对向青年人推荐古书。施蛰存也不示弱，连续四天在《申报·自由谈》上发表名为《突围》的长文向以上文章一一回击。值得玩味的是，晚年的施蛰存在被人问及与鲁迅的一段"公案"时，既承认自己当年有意气之争的成分，同时又尽力淡化自己的"反击"，晚年编排文集时也没有收入《突围》（《鲁迅全集》收录了与鲁迅直接相关的《突围》的节选，今天若想看到这篇"四面出击"的全貌，只有翻阅《申报·自由谈》了）。

暂且不论双方你来我往的争锋所在，仅施蛰存在这场论争中的"精神过敏"和激烈态度就令人颇为奇怪。施蛰存历来不愿参与论争,刚刚过去的"第三种人"论争中,《现代》虽然是双方论辩的园地之一,但作为主编的施蛰存始终未置一词,为何此时却激烈反抗?鲁迅起初并未直指施蛰存的名字,然而施蛰存自己却"对号入座"。至于其他应声而起的文章,正如徐懋庸所言"事前既未会盟,目的又不在打倒施蛰存先生,几个人零落的一点意见,怎么算得上'围剿'?"①

但是施蛰存的感受却大为不同,他称自己"正如被打入文字狱的囚徒,天天在黑暗的狱室里看报纸上记着我的罪状",那些文章都是"围剿我的那些文字阵",于是他"有点不甘被包围,所以要突围而出了"。②"丰先生并未'扑空',站在丰先生那一方面(或者说站在正邪说那方面)的文章却每天都在'剿'我,而我却真有'一个人的受难'之感了。"③这样的"一个人的受难"的感受从何而来呢?

这大概与刚刚过去的"第三种人"论争有关。施蛰存很明显将对方的文字都看作有组织的集团攻击。他虽然没有直接参与"第三种人"论争,但论争所造成的"集团意识"大概已经进入其内心。虽然《现代》杂志的编辑原则是"无党派的""兼容并包的",但杜衡与施蛰存的关系人所共知。在时人眼中,施蛰存回避政治的倾向,书写女性

---

① 致立(徐懋庸):《又是一点是非》,《申报·自由谈》1933年11月4日。
② 施蛰存:《突围》,《申报·自由谈》1933年10月29日。
③ 施蛰存:《突围(八)》(续),《申报·自由谈》1933年11月1日。

情欲、钩沉今古奇闻，与底层生活拉开距离，这一切都符合杜衡所说的"作者之群"的特征。施蛰存虽然晚年极力否认自己属于"第三种人"（他认为杜衡后来和杨邨人、韩侍桁共办的《星火》杂志才是典型的"第三种人"群体）。① 但是，在他的内心深处未尝没有被划入某"集团"的敏感。

二 "语文观"的殊途

在论争刚刚开始的时候，针对鲁迅"新式青年的躯壳里，大可埋伏下'桐城谬种'或'选学妖孽'的喽啰"的说法②，施蛰存辩解自己并非复古，推荐书目只是偶然事件。如果辩解仅止于此，也许就不会有后续的讨论了，然而施蛰存进而又说推荐古书实在于青年人的文学修养有益，推荐《庄子》《文选》有两个目的，其一是希望青年扩大语汇，其二是学习前代的文学修养。正是这两点引起众人的批驳，主要观点如下：

首先，《庄子》《文选》上都是"死文字"，不能用于今

---

① 施蛰存在《〈现代〉杂忆》中极力与"第三种人"撇清关系："《现代》停刊以后，我和杜衡分手。杜衡和韩侍桁、杨邨人去创办《星火》月刊，结集一部分青年，提示了他们的目标，拉起了一座小山头。这个刊物才成为'第三种人'的同人杂志，有意识地和左联对立了。直到抗日战争期间，韩侍桁在重庆发表了一篇文章，宣称在团结抗敌的新形势下，'第三种人'不复存在。这些行动，和我都没有关系"，"他们隐然有结合'第三种人'帮派之意，我对杜衡的这一倾向，极不满意，因而连朋友的交情也从此冷淡了。"（见施蛰存《〈现代〉杂忆》，《沙上的脚迹》，辽宁教育出版社1995年版）
② 丰之余（鲁迅）:《感旧》,《申报·自由谈》1933年10月6日。

日。针对施蛰存认为鲁迅从旧文学中吸取字汇，鲁迅辩称，自己并没有承接《庄子》的"新道统"，那些字汇有些从《庄子》《文选》来，但也有从别处来的。鲁迅认为从古书里找活字"简直是糊涂虫"①。古书中寻活字汇，说得出做不到：古书中有两种字，一种需要依赖注释才能看懂的，这是死字汇；另一种直接就能看懂的，是活字汇。但即使是活字汇，之所以能够懂得也是因为这些字在其他书上也有应用。既然如此就不必专门在《文选》中寻找活字了。施蛰存退一步说要描写宫殿之类的时候有用处，鲁迅则以为"倘使连故宫也不想描写，而预备功夫却用得这么广泛，那实在是徒劳而仍不足"②。施蛰存认为古文字可与西洋文字一同"拼成功我们的光芒的新文学"，鲁迅反驳说："这光芒要是只在字和词，那大概像古墓里的贵妇人似的，满身都是珠光宝气了。人生却不在拼凑，而在创造，几千百万的活人在创造。"③ 高植区分中学生识字和用字的差别，认为中学生用出来的字少不一定是因为学的字、词汇不够，即使如此，《庄子》《文选》也不能够提供适合今天语言的字汇。④

其次，青年人写作困难的根源不在词汇，而在于缺少生活。徐懋庸认为青年人不能够写作的根源不在语汇的丰富与否，而在于生活的丰富与否。《庄子》《文选》中的语

---

① 丰之余（鲁迅）：《"感旧"以后（上）》，《申报·自由谈》1933年10月15日。
② 子明（鲁迅）：《难得糊涂》，《申报·自由谈》1933年11月24日。
③ 罗怃（鲁迅）：《古书中寻活字汇》，《申报·自由谈》1933年11月9日。
④ 高植：《识字与用字》，《申报·自由谈》1933年10月19日。

汇是那个时代的生活,作者们根据实际生活创新而来。"古人不必赖前人书,而能自创新语。今人知识易求,生活更繁,反而要从前人书中去找语汇,这种根据退化论的意见,青年人看了不知当做何感想?"既然如此,青年人作文的解决之道是"深入生活":"要描写工厂者,进工厂去,要描写农村者,往农村去,懂得植物学的人来描写树木,懂得天文学的人来描写天空,那么语汇自然能丰富,比喻自能贴切,形容自能佳妙。"① 梁园东也举例他自己当国文教师的时候,两位青年以飞机为题写作,一位用语简单,描写情状生动,另一位引经据典,但言不及义。所以,作者认为辞藻的来源"应从现实的事务上来,经验多,观察多,自然会写出种种情状","《文选》上字虽多,但用来记述现在的机器等新事物,或用过来记述各种学问,恐怕《文选》正要感到辞藻的贫穷"。②

再次,"一代有一代之文学",文字要随时代而变。陈子展从《文选》这部书本身出发,认为《文选》成书于1400 年前,是当时的"青年必读书",萧统所选的都是当时的文章,文章宜"随时改变"。萧统本人也是反对复古,主张文章随时改变的。何况《文选》中多为"死字",不能有助于"青年修养"。③

最后,施蛰存与五四时期的保守者一样,以"中庸"

---

① 致立(徐懋庸):《一点异议》,《申报·自由谈》1933 年 10 月 20 日。
② 梁园东:《论词藻》,《申报·自由谈》1933 年 10 月 25 日。
③ 陈子展:《文选论》,《申报·自由谈》1933 年 10 月 21 日。

混淆是非，实为"复古"。并非所有的论者都取激进的情绪化的态度，周木斋在其中就比较持重。在论争进行到一半的时候，他谈了自己旁观论争的前后变化：读了施蛰存《推荐者的立场》一度以为施蛰存是反讽的笔法，是针对"读经"的一种讽刺。看到鲁迅《感旧》之后还为施蛰存抱冤："觉得现在复古的倾向是有的，而以推荐《庄子》《文选》为例，并作一谈，未免有点冤枉。因为推荐《庄子》等书，虽然迹无可取，但是情有可原的。"但施蛰存后来的应答，从"荐人"变成"保人"，"复古的根芽竟在新园地上滋长了"。周木斋进一步指出"复古论者的惯用思维：否定新旧的分界，以前章士钊批评新文化运动就是这样的意见。看似无所偏袒，其实是崇'旧'抑'新'"。①鲁迅更是直接将施蛰存的态度与五四运动时保护文言者的态度相提并论："五四运动的时候，保护文言者是说做白话文的都会做文言文，所以古文也得读。现在保护古书者是说反对古书的也在看古书，做文言，——可见主张的可笑。永远反刍，自己却不会呕吐，大约真是读透了《庄子》了。"②

这些问题的确像鲁迅文章的题目一样——《反刍》，几乎都在五四时期就讨论过了。无怪乎论争接近尾声的时候鲁迅在给姚克的信中又一次表达了他的无聊之感："我

---

① 周木斋：《"文学"与"道德"》，《申报·自由谈》1933年10月24日。
② 元良（鲁迅）：《反刍》，《申报·自由谈》1933年11月7日。按："良"疑为"艮"之误。

和施蛰存的笔墨官司，真是无聊得很，这种辩论，五四运动时候早已闹过的了，而现在又来这一套，非倒退而何。"①

(一)"复古"潮流与白话文的时代困境

众所周知，《庄子》《文选》之争主要是五四"文白之争"的余绪，但中国的问题就是这么奇怪，老调总要"重弹"。论争将近尾声时，郁达夫的一篇文章恰可从旁证明在1933年"老调重弹"的必要。11月8日，郁达夫在《申报·自由谈》上发表了一篇《说公文的用白话语》。文章缘起于他的一位朋友（在政府供职）跑来忧心忡忡地抱怨一个传闻——听说以后公文将采用白话了，这样的语言转换，这位朋友怕自己不能胜任，于工作有碍，于是急急来郁达夫处讨教。郁达夫对此很不以为然，在这篇文章的结尾，他回顾白话文的发展，颇有几分悲愤："白话文的提倡，到如今已经有十多年的历史了，结果只向六言告示和等因奉此的公文上占据了几个标点与符号的地位，就有这一大批人的暴怒与不平，我真不知封建制度的全部扫清，要在那一个年头?"② 白话文的发展并不如教科书上展示的那么乐观，似乎中小学课本采用白话文之后，白话文就"功毕于一役"了，直到抗日战争之前，政府的公文、公告都一直

---

① 鲁迅：《致姚克（1933年11月5日）》，《鲁迅全集》第12卷，人民文学出版社2005年版。
② 郁达夫：《说公文的用白话语》，《申报·自由谈》1933年11月8日。

主要采用文言。就在《庄子》《文选》之争的半年后（1934年6月），教育部官员汪懋祖倡言读经复古、攻击白话。进而又引发了大众语、拉丁化的讨论（曹聚仁在《庄子》《文选》之争中有关"别字"的思考成为他在大众语讨论中的雏形）。

白话文的艰难困境和社会的"复古"潮流一同构成了《庄子》《文选》之争的背景，无怪乎一时之间涌现出那么多反对施蛰存的文章。抽离掉这个背景，就难以解释时人不约而同的"激进"，很容易将其归结为个人义气和集团意识的"围剿"。

（二）"别字"之争与"大众语"运动

除了主要针对《庄子》《文选》的争论，这场论争还分流出另一个小的讨论——关于曹聚仁的"别字"之争。鲁迅在《"感旧"以后（下）》谈到刘半农写打油诗，讥讽青年写别字。1933年10月22日，曹聚仁发表《谈"别字"》继续举出朱自清感叹高中毕业生国文程度低，与鲁迅一样，曹聚仁也由此批评昔日的白话文大师都有复古倾向。他继而提出：青年是否有必要学"古字"？曹聚仁以为不用。首先，客观上不可能全部掌握。"古老的债务太重，不独今日青年完不清，即古代的有闲博学之士也完不清。……所以'写别字''读别字'乃是我们应享的权利。"其次，古人就用"别字"，我们今天也可以写。古文中的假借就是"别字"，难道古人假借得，我们就假借不得？最后，曹聚仁提出语言文字的改革：中国文字太艰深，本身就应该进行改革。他的设想是"目前治标办法，唯有愿读别字写别字的趋势，养成多读别字多写别字的习惯"，从语言习惯中自然筛选出来简单通用的字，再回转入语言习惯，从而达到文字的简化。① 公然鼓励青年写"别字"，这样"激进"的提法引来陶徒然的反对。陶徒然区分鲁迅和曹聚仁对待青年别字的态度，认为鲁迅的意图是原谅青年写错字，教授先生不应加以讥讽；曹聚仁则为青年写错字"张目"，他反对后者。②

10月28日，曹聚仁发表《再张目（下）——续谈别字》批驳陶徒然的保守，以为文字一成不变。重申文字改革的目的是"大众化"，使更多的人获得使用文字的机会。曹聚仁并非真的主张青年故意写错字，而是主张把社会的读别字写别字，作为改造文字的先声。他认为文字具有社会属性"语言全部的发达，开端的虽是个人，而完成的却是社会"，而且写别字、读别字是有规则的——"其中十之七八，有声音上的关系，或同子音（半变声或变声）或同母音"。曹聚仁进一步将他在上一篇文章中的设想具体化——"中国文字完全改造为新形声字或者完全改造为简字"。后来1934年的"大众语"运动基本达成推进简化字和手头字的共识，部分地达成了这个目标。

---

① 曹聚仁：《谈"别字"》，《申报·自由谈》1933年10月22日。
② 陶徒然：《"原谅"和"张目"》，《申报·自由谈》1933年10月25日。

(三)"纯中国式的白话文"

无论是反对读古书,还是主张写"别字",甚至后来的"大众语""拉丁化"都是前代学人对语言文字的改造实践,他们都遵循了五四"文白之争"的基本理念——弃绝文言,取法西方,即使在新旧碰撞中会造成"滞涩"也在所不惜,因为意在"创造"而非"拼凑"(鲁迅与梁实秋有关"硬译"的争论"关节"也大抵在此)。

关于鲁迅在《庄子》《文选》之争中的态度和语文观,丸山升和钱理群两位先生已经论述详备[①],而对于论争中另一极的施蛰存,有关他在语言改造方面的实践尚且甚少留心。1933年,施蛰存28岁,在鲁迅看来确属"青年",文章义气不可避免。但是去除这些"小心眼儿"的文字,联系施蛰存前后的创作风格,争论文字中也多多少少道明了他特异于鲁迅等人的语文观。

在1933年10月30日的《突围》(续)中,施蛰存阐明他确实有把"死字"变为"活字"的企图:

> 我所谓扩大字汇,实在包含着一个"使死字或半死字在可能的范围中复活转来"的运动。[②]

---

① [日]丸山升:《围绕施蛰存和鲁迅的论争——关于晚年鲁迅的笔记·一》,《鲁迅·革命·历史:丸山升现代中国文学论集》,王俊文译,北京大学出版社2005年版;钱理群:《二十世纪三十年代有关传统文化的几次思想交锋——以鲁迅为中心(二)》,《鲁迅研究月刊》2006年第2期。
② 施蛰存:《突围》(续),《申报·自由谈》1933年10月30日。

他认为古字可以用于新文学：

汉以后的词，秦以前的字，西方文化所带来的字和词，都可以拼成功我们的光芒的新文学。①

至于左翼所倡导的大众文学则并非文学的主流：

我赞成大众文学，尽可能地以浅显的文字供给大众阅读，但那是文学中的一个旁支。②

虽然被文学史同列为新感觉派，但施蛰存与刘呐鸥、穆时英的创作差异并未被忽视。从20世纪30年代的沈从文，到当代的李欧梵、黄子平，众多文学评论者都认为施蛰存最美的收获在于那些浸染着气韵氤氲，怀抱着江南水乡的温柔绵长的作品，他对中国文学最精彩的贡献在于那些"似新还旧""绵里藏针"的历史小说。在这些历史小说中尤为值得注意的是他1937年发表在《文学杂志》上的《黄心大师》③。这部作品与《鸠摩罗什》相似，取佛家典籍传说敷衍成篇，写一位皈依佛门的官妓，为炼铸洪钟，舍身投炉的故事，值得注意的是它"半文言半白话"的文体④：

---

① 施蛰存：《突围》（续），《申报·自由谈》1933年10月30日。
② 同上。
③ 施蛰存：《黄心大师》，《文学杂志》1937年第1卷第2期。
④ 较早注意到施蛰存"文言入白话"语言实验的大概是黄子平（见黄子平《读书小札》，《害怕写作》，江苏教育出版社2006年版）。

小说前三分之一写"我"信步游踪，无意间寻访到黄心大师舍身铸就的大钟，这是整个故事的"引子"，"引子"部分由现代的"我"以流畅的白话叙述。这个难忘的器物引起"我"的"考古癖"，钩稽古籍之后终于索检出"前因后果"，"我"又综合典籍记述，以宋代评话的"半文言"详述了黄心大师的因缘际遇。

《文学杂志》的编者朱光潜在编后记中对这种"文白交施"的尝试推崇备至。朱光潜认为新文学的小说作者大都受西方影响，虽然在文学技巧方面获得不少启示，但终究有点"隔"，"手腕低下者常不免令人起看中国人画的'西画'之感"。"但是施蛰存先生的《黄心大师》很有力地证明小说还有一条被人忽视的路可走，并且可以引到一种新境，就是中国说部的路。""中国说部"大概唤起了朱光潜的童年记忆，他觉得"读《黄心大师》，我们觉得委实是在'听故事'，而且觉得置身于'听故事'所应有的空气中，家常，亲切，像两个好朋友夜间围炉娓娓谈心似的"。

当然，这样的尝试也引来争议，有人担心这样的写法会走"鸳鸯蝴蝶派"的老路。1937年，施蛰存在为《黄心大师》辩护时说自己是在进行一项以"旧瓶的原料回炉"的试验：

> 近一二年来，我曾有意地试验想创造一种纯中国式的白话文……严格说来，或者可以说是评话、传奇和演义诸种文体的融合。我希望用这理想中的纯中

国式的白话文来写新小说，一面排除旧小说中的俗套滥调，另一面也排除欧化的句法。

《黄心大师》也确实是这样实践理念的产物。在这部作品中，施蛰存在《庄子》《文选》之争中使"死文字变活"、将古文字"拼入光芒的新文学"的设想终于落到了实处。

在以鲁迅为代表的五四学人看来，语言不仅仅是一种表达工具，它牵涉着民族的文化心理和思维方式。[1]出于改造国民性的功用，白话文的实际困境等方面的考虑，以文言入白话不能够得到鼓励，但是作为一种语言、文体实验，这样的"拼凑"也自有它"创造"的意义所在。

可惜很快，抗日战争爆发，施蛰存结束了自己的创作生命。[2]

第三节　穆时英的接受语境与文艺大众化运动

随着海派文学研究的深入，21世纪以来穆时英的一批

---

[1]　陈平原、钱理群、黄子平：《艺术思维》，《读书》1986年第2期。
[2]　晚年施蛰存说自己的创作生命是在1936年就结束了（见施蛰存《十年创作集·引言》，人民文学出版社1991年版）。

佚文被发掘，这些作品包括《我们这一代人》《中国一九三一》《上海的季节梦》，这些直接反映民族战争、阶级冲突的作品某种程度上修改了关于穆时英的印象。① 加之"汉奸"身份的"平反"②，继续将穆时英视为无聊消遣的浪荡公子似乎不再合适，有必要重新梳理穆时英的创作路途，厘清他与时代语境的关系。

一 "当逢其时"：文艺大众化运动的"范本"

今天大概很少有研究者会将《南北极》视作穆时英的代表作。的确，单就文学新质而言，他后来独步文坛的"新感觉"风格掩盖了他的早期创作。但是至少在当时，《南北极》的影响力并不弱于他的"新感觉"作品。《南北极》出版后两年，一位署名"荣桢"的评论者批评"穆时英作风"在青年中的恶劣影响。

> 当世有许多读穆时英作品的青年，因感于其辛酸

---

① 严家炎：《穆时英小说长篇追踪记》，《新文学史料》2001年第2期。
李楠：《一个人的战争和历史——穆时英小说〈我们这一代〉印象》，《上海文学》2006年第2期；旷新年：《穆时英的佚作〈中国一九三一〉》，《杭州师范学院学报》2003年第4期；张勇：《穆时英的小说佚作〈上海的季节梦〉》，《中国现代文学研究丛刊》2006年第6期。
② 1940年6月28日，刚刚接任伪职的穆时英在上海福建路遭枪杀，在相当长的时间里，穆时英都被当作"汉奸"。香港学者司马长风写作《中国新文学史》时就此事进行了探究。详询有关人物和事件之后，采取康裔的解释——穆时英当时为中统卧底，遭军统误杀，其汉奸身份得以洗清。大陆学者严家炎和李今在查究之后亦作此解。

苦辣的滋味，而正想模仿其作风，遂致南腔北调，"咿""呀"百出，方言既非方言，国语尤非国语，在作者固然费尽九牛二虎之力以模仿，而在读者仍是丈八和尚，摸不着头脑，说这是所谓"穆时英作风"的恶劣影响，大概并不是过分的。①

这里的"作风"并非指新感觉派笔法，而是指《南北极》那样大量使用方言，高度口语化的作品，《南北极》在当时读者中的影响可见一斑。

穆时英爆得大名与左翼文坛的推崇密不可分。1930年穆时英接连在施蛰存主编的《新文艺》上发表了《咱们的世界》等三篇作品，但是由于《新文艺》当时只是一个"新书业"背景下的个体书店发行的左翼刊物，发行量不大，覆盖面不广，虽然编者施蛰存大力推介，但并未引人注意。直到1931年年初，《南北极》发表在老牌刊物《小说月报》上，穆时英才引起左翼文坛的注意，一时之间涌现了不少评论文章，主要有寒生的《南北极》②、钱杏邨的《一九三一年中国文坛的回顾》③、巴尔的《一条生路与一条死路——评穆时英君的小说》④，这些文章大都赞赏穆时英对口语的使用，认为作者能够熟悉"无产者大众"的语汇，

---

① 荣桢：《穆时英作风》，《新垒》1934年第4卷第2期。
② 寒生：《南北极》，《北斗》1931年创刊号。
③ 钱杏邨：《一九三一年中国文坛的回顾》，《北斗》1932年第2卷第1期。
④ 巴尔：《一条生路与一条死路——评穆时英君的小说》，《文艺新闻》第43号1932年1月3日。

以简洁有力的形式将其运用自如。穆时英的作品"一时传诵,仿佛左翼作品中出了个尖子"①,他旋即被赋予"左翼文学之白眉"的桂冠。

1932年前后,文艺大众化运动进行正酣,革命的大众文艺具体应该采取何种形式的问题已经进入思考的中心。其中方言的使用不仅有助于大众的"喜闻乐见","各方土话的互相让步"更是无产阶级领导下"现代中国普通话"的根基所在。② 瞿秋白还曾亲自操刀,写作了多首方言的"大众歌谣"。其中一首《东洋人出兵——乱来腔》的北方话版是这样的:

> 说起出兵满洲的东洋人,
> 先要问一问原因才成。
> 只因为一班卖国的中国人,
> 狼心狗肺是生成,天天晚晚吃穷人,
> 吃个头昏眼花发热昏。
> 有了刀,杀工人,
> 有了枪,打农民,
> 等到日本出兵占了东三省,
> 乌龟头就缩缩进,
> 总司令在叫退兵,
> 国民党在叫震惊,可是难为了咱们小百姓,

---

① 施蛰存:《我们经营过三个书店》,《沙上的脚迹》,辽宁教育出版社1995年版。
② 史铁儿(瞿秋白):《普洛大众文艺的现实问题》,《文学》1932年第1卷第1期。

真是把我们四万万人送人情。①

这首"乱来腔"原本包括上海话和北方话两种方言，但是北方话版显然不如上海话版出色，并不地道，基本没能吸纳多少具有地方特色的口语方言，对比一下《南北极》中"小狮子"粗犷泼辣的语言，就很可以理解为何穆时英的出现令当年的左翼文坛激动不已了。

二 "二重人格"与"红萝卜剥了皮"

然而好景不长，不到一年，穆时英又发表了《被当作消遣品的男子》，写一个青年男子在与交际花一般的女子交往中的败北感觉。从文章题目就可以看出，作家并未对这种感觉表现出充分的反感，反而有几分自得其乐。这篇作品受到左翼文坛的猛烈批判。舒月的《社会渣滓堆的流氓无产者与穆时英君的创作》尖刻地指出这篇作品"连社会问题的初步都没有触到"②。最为激烈的恐怕是瞿秋白：

> 我最近方才发现一本小小说，题目是《被当作消遣者的男子》。单是这个题目就够了！十二年前的五四运动前后，反对宗法社会的运动还是大逆不道的。不

---
① 瞿秋白：《东洋人出兵——乱来腔》，《瞿秋白文集·文学编》第 2 卷，人民文学出版社 1986 年版，第 385 页。
② 舒月：《社会渣滓堆的流氓无产者与穆时英君的创作》，《现代出版界》1932 年第 2 期。

论当时的运动是多么混沌，多么幼稚，可是，战斗的激烈的对于一切腐败龌龊东西的痛恨，始终是值得敬重的。当时是女子要求解放。而现在？是男子甘心作消遣品了。

……

对于这些"消遣品"，以及一切封建余孽和布尔阶级的意识，应当要暴露，攻击……这是文化革命的许多重要任务之中的一个。①

由于对作家风格突变的不理解，加之穆时英与杜衡的私人关系，对左翼文坛穆时英的普罗小说写作有恶意的猜想：瞿秋白说穆时英是"红萝卜"——"外面的皮是红的，里面的肉是白色……这就是说：表面做你的朋友，实际是你的敌人，这种敌人自然更加危险"。"红萝卜"的比喻也来自对"第三种人"的形容。1933 年 2 月，杜衡为某种意义上遭受"池鱼之灾"的穆时英辩护。②他总结穆时英的创作是沿着"两条绝不相同的路径走的"，一条是以《南北极》为代表的反映大众化新形式的路径，另一条是《公墓》这样的，"描写都市的文学"。杜衡以作家本人的"二重人格"来解释这两种决然不同的创作风格。③ 这样的解释大概

---

① 瞿秋白：《财神还是反财神》，《北斗》1932 年第 2 卷第 3、4 期。
② 杜衡：《关于穆时英的创作》，《现代出版界》1933 年第 9 期。
③ 杜衡说"穆时英的创作之所以自身形成一个南北极，是因为作者的二重人格"，而"二重人格在这个时代也不是可以非难的东西"。（杜衡：《关于穆时英的创作》，《现代出版界》1933 年第 9 期）

能够得到穆时英的共鸣，因为就在同一期的《现代出版界》上，穆时英发表的散文《我的生活》就描绘了自己决然相悖的双重心境：

> 我是顶年轻的，我爱太阳，爱火，爱玫瑰，爱一切明朗的，活泼的东西；我是永远不会失望，疲倦，悲观的。
>
> 可是同时我却在心的深底里，蕴藏着一种寂寞，海那样深大的寂寞，不是眼泪，或是太息所能扫洗的寂寞……有时突然地，一种说不出的憎恨，我不愿说一句话，不愿看一件东西……①

如果说20岁的穆时英在回应左翼文坛批评时还留有余地②，也称对自己寄予意识和信仰的"统一"，那么几年后，他加入了"软性电影"和"硬性电影"之争时写作的一系列理论文章则证明他终于"统一"起来，只是并非站在左翼一边。③

---

① 穆时英：《我的生活》，《现代出版界》1933年第9期。
② 1932年穆时英就自己写作两种类型的作品对舒月的回应说："要文体统一，要意识正确，非得先有统一的生活，正确的生活不可"，但是"到现在为止，我还理智地在探讨着各种学说，和躲在学说下面一些不能见人的东西，所以我不会有一种向生活，向主义的努力，好在自己"年纪还不算大，把自己统一起来的日子是有的，发生了信仰的日子是有的——真正答覆批评家和读者们的日子是有的"（见穆时英《关于自己》，《现代出版界》1932年第4期）。
③ 关于"软性电影"和"硬性电影"之争的情况，参见李今《海派小说与现代都市文化》第四章，安徽教育出版社2000年版。

第四章　情色女体的生成：海派文学的叙事转移

即使我们试图将20世纪20年代以来的海派作家的创作放入自晚清以来的"海派"叙事传统中进行考察，希冀从中寻找到潜隐的"万流归宗"，然而，需要承认，在具体的历史语境中，无论是生长背景，还是思想资源，海派作家与鸳鸯蝴蝶派都殊少关联，倒是与五四新文学血脉相通。他们大多有留日经历，一开笔写的就是白话文。已经有研究者注意到他们有趣的身份——"活跃于沪上文坛的海派作家多数有'五四'作家和革命作家的前身"[①]。他们的创作与当时沪上作家热衷情欲描写大约有着相当的契合，创造社主张真诚的自我袒露为"情欲"的书写建立了"合法性"，左翼思潮促生下的早期普罗小说也夹裹着肉欲

---

① 姚玳玫：《想像女性——海派小说（1892—1949）的叙事》，中国社会科学出版社2004年版，第158页。

的气息。

引起我们兴趣的是，这些本来"合法"的题材缘何变成了"非法"？以至于在 20 世纪 30 年代引起轩然大波？可以肯定的是，情欲题材绝不是"海派"被诟病的根本理由，否则我们就无法解释为何郁达夫的作品能够在相当高的程度上获得文坛认可。恰恰相反，对于这些海派作家而言，他们的创作题材与五四新文学保持着相当的趋同性：社会黑暗现实、恋爱问题、妇女问题、知识分子问题、留学生体验……这些五四新文学的重要题材，海派作家几乎都有所涉及；在"革命＋恋爱"题材的创作上更与早期普罗小说不遑多让。而当时他们也并未形成如后来新感觉派那样的以形式特色为区分的创作群体。那么，究竟是什么使他们同时偏离了五四新文学和左翼文学，成为一种异质性的存在？是什么使他们后来被追认为"海派"？他们在多大程度上契合了海派的文化姿态？他们是怎样经历这样的"精英—大众"转变的？也许，回到文本现场，我们可以从这些相同叙事模式衍生的不同主题来探知一二。

第一节　日常化情欲的指归——叙事主题的偷换

揭露社会腐败，抨击黑暗现实固然非海派作家兴趣所在,也非其所长,但正如东流入海的大河也有旁逸斜出且绵绵不绝的支流,海派作家笔下也潜隐着一个"左翼传统"①。滕固的《独轮车的遭遇》可谓片段式的"骆驼祥子";《做寿》中蒙昧、不知情的"高老头"可悲可叹;《离家》是未死的"夏瑜"归家的遭遇,虽然免去了做人血馒头的命运,但他面对的仍是亘古未变的人心世态,以至于在此压力之下消弭了革命理想,抱着"弄一笔钱回来"的希冀再次踏上革命征程。到了"新感觉派圣手"穆时英,使他初获声名的不是感觉化的都市传奇,而是以描写小人物遭遇见长的《南北极》……这些作品例证了作家创作的多样性和复杂性。然而我们更感兴趣的是那些主题倾向"模糊"的文本,即披着五四外衣却裹挟着"海派"特质的文本,或者由于外衣与内核的分裂而呈现主题的不确定性的文本。这"模糊"正是海派与五四新文学和革命文学的区别所在,同时也标识着这些作家思想的某些潜流,也许当时尚未浮出地表,却恰恰显示了他们后来被追认为"海派"的理由。

一 对"社会—反抗"主题的偷换

张资平的小说向来因其叙事的相似,情节的雷同而为

---

① 陈思和:《第十二讲 浪漫·海派·左翼:〈子夜〉》,《中国现当代文学名篇十五讲》,北京大学出版社2003年版,第337页。

人诟病,所谓"自己抄袭自己",笔下人物尽是性欲变态,① 鲁迅更不无尖刻地将其总结为一个"△"。② 这些说法某种程度上的确点中了张氏小说的软肋,但试图提纲挈领的高度概括同时也意味着对文本细节关注的缺失。的确,与叶灵凤不同,张资平并非一个文体意识极强的作家,由于受到鸳鸯蝴蝶派小说的熏染,他以为的"很不坏"的手法大概更多是指《留东外史》式的写实描摹③,他期望由这些贴近自然欲望心理的摹写唤起读者共鸣,而非文体的尝试或叙事技巧的翻新。他希望读者关注故事和人物,不愿在叙事上设置障碍,因此他大部分小说的叙事停留在类似"说书人"的阶段,虽然其中也有倒序、插叙等手法的运用,但叙事中占绝对优势地位的仍然是为市民阶层熟悉且容易接受的"顺序"故事。在这样的背景下,《公债委员》就显得独特了。它大概是张氏小说中叙事技巧应用最明显的作品,仅就叙事结构而言,它精巧、完整,相当程度上克服了张氏小说一贯的拖沓。那么这个故事有何特别之处,使得作者"一反常规"玩起技巧了呢?作者运用这些叙事策略想给我们讲一个怎样的故事?这种叙事倾向背后有着怎样的企图?我们不妨从这篇小说的故事层次谈起。

---

① 苏雪林:《多角恋爱小说家张资平》,《青年界》1934 年第 6 卷第 2 号。
② 鲁迅:《张资平氏的"小说学"》,《鲁迅全集》第 4 卷,人民文学出版社 2005 年版,第 235—237 页。
③ 1918 年郭沫若在日本福冈初次与张资平深谈时,听他称道《留东外史》"写实手腕很不坏"颇为惊讶,并且暗暗认为"这家伙的趣味真是下乘",可见二人的文学趣味从一开始就存在距离(见郭沫若《创造十年》,《郭沫若全集·文学编》第 12 卷,人民文学出版社 1992 年版,第 49 页)。

（一）两个故事层：叙事伦理与叙事效果的悖反

《公债委员》文如其名，讲述的是一个叫作陈仲章的"公债委员"的故事。它虽然大体仍然是顺序时间，但有两个层次鲜明的故事层：一个分别置于小说首尾，构成完整的故事，我们将其称为外层故事；另一个占据文章中部，我们称之内层故事。因其各自的完整性，它们分别构成两个独立的叙事。

外层故事并不复杂，小说开头描写一个已退职的公债委员（陈仲章）伙同一个革了职的排长，携短枪，到某村假托发行公债票的名义勒索乡村富绅。小说结尾写事情败露，陈仲章被捕。至此，外层故事首尾衔接圆满结束。内层故事从陈仲章敲诈结束后到鸦片馆与女招待调情开始，然后回到家与爱妾阿欢争执，阿欢病重，陈仲章百般筹款而不得，其中夹杂着缺少金钱而引起的生活困窘和心理焦虑。可见，从叙事伦理上看，内层故事其实是外层故事的"前因"，是外层故事发生动因的"补充"。那么内层故事的存在应该是为外层故事服务的，应该起到层层铺垫，使外层故事的发生更有必然性，使其意蕴更丰厚、复杂的作用，如同骆驼祥子的叙述效果，通过对祥子坎坷、挣扎种种际遇的叙述，使得我们对其后来无路可走的"堕落"产生悲悯和同情。然而《公债委员》的两个故事层之间存在着巨大的疏离，叙事者太关注内层故事，大部分笔墨都集中于此，以至于我们读到结尾处陈仲章被捕，才想起前面还有"勒索"这一回事。叙事伦理和叙事效果出现了悖反，这种悖反是如何形成的呢？这显然与小说独特的叙事策略有关。

(二) 独特叙事策略的应用

从叙事时间上看，外层故事的时间是平面的，比较简单。内层故事的时间则是立体的、复杂的。除了故事的顺时时间线外，还有一条借助陈仲章无时不在的回忆形成的过去的时间。这两个时间就又形成了两个故事层：生活在当下的陈仲章的故事和少年陈仲章"堕落"的故事。前者主要讲述其与爱妾阿欢相濡以沫，后者时间从中学时代起，叙述陈仲章如何被逐出教会学校，如何结婚、入伍，如何与现在的爱妾阿欢相识相爱，其间涵盖了一个少年成长的种种事件。叙事时间的扩展和层次的丰富使得内层故事充实丰满，几乎是一个人的成长史。

从叙事深度上看，外层故事近于表层客观叙事，仅仅做情节的交代；内层故事则延伸到人物的心理。比如少年陈仲章与玉莲相恋的青涩胆怯，与阿欢相识中情欲与道德感的纠缠，与上司、同事交往中的自尊和自卑，尤为动人的是巨大生存压力下对阿欢的爱恨交加。这些心理描写都生动地描画了一个世俗个体在现世生活中遭遇的种种精神困境，这种复杂性的彰显甚至超越了其他张氏小说偏于单纯纠缠于情欲与世俗道德两难的人物心理的模式。

内层故事中叙事时间的多层次与叙事深度的纵深展开

与对外层叙事的简单处理形成鲜明对比，这使文本叙事呈现出某种"不平衡"，对内层故事的聚焦当然会引起对外层故事的忽略，本应为外层故事服务的内层故事就"喧宾夺主"，成为披着外层故事"外衣"的叙事重心，叙事伦理和叙事效果形成了悖反。

对这样的悖反我们仍有疑问。这种悖反的内在动因是什么？为何作家不惜一反常规，借助叙事技巧来"制造"这样的悖反？如果不形成悖反，小说主题应该指向哪里？形成悖反后小说的主题又指向了哪里？他们是否一致？如果不一致，那么这不一致又意味着什么？

（三）不同主题的衍生与偷换

外层故事是个典型的"社会—压迫"型叙事。陈仲章因为社会黑暗处处碰壁，心爱的女人重病在身急需用钱，以此为"前因"铤而走险，伪造身份敲诈乡绅。如果我们认可这样的"前因"，由此推及后果，那么这将是一个类似"骆驼祥子"一样被逼"犯罪堕落"的故事。我们有理由对人物寄予同情，斥责黑暗的现实，因为社会、时世是压迫主人公的主要原因，它应为主人公的悲剧负全责。这是五四小说惯常的写法，它揭示、追究悲剧的外在动因，引发的主题是"反抗"式的。

但偏偏这篇小说的叙事重心不在外层故事，而在内层故事。内层故事是一个"肉身—堕落"型的成长史。在这成长史中虽然也有无奈，但个人的选择贯穿始终。陈仲章本来是个极有天分的学生,他就读于教会学校,他像于连一样野心勃勃、善于掩饰,本可以有很好的前途,但因为无法压抑青春期的性欲而与玉莲发生关系,继而被赶出学校。后来又不满足于乡村教师的清贫生活,想要建功立业,于是投笔从戎。与朋友之妾阿欢在一起最初也是出于性的诱惑。于连追逐女性是为了满足形而上的英雄式的征服感,陈仲章追逐女性则是纯粹出于形而下的生理欲望。这样的"肉身—堕落"型的成长史为我们提供的陈仲章,既没有祥子的单纯善良,也没有于连高蹈的精神痛苦,他更像一个实利至上的投机分子,因此他的"堕落"近于生活中的一次投机失败,这其实并不能让我们发出沉重的叹息,萌生反抗的冲动。

　　当然,叙述者对陈仲章也并非贬抑,而是充满着"同情之理解"。陈仲章并不是完全意义上的"好人",他对玉莲始乱终弃,与阿欢同居时仍然到处留情,他的性压抑引发出来的不是郁达夫抒情主人公的国族观、颓废感,而不过是一个男人对自己欲望缺乏节制且缺少道德规训的行为。令人欣喜的是,作者虽然无力将肉体塑造为哲学意义上的生命不能承受之轻,却对其抱有中国式的宽容和理解。小说最具华彩的部分是内层故事中对陈仲章与阿欢感情的描写。他们有肉体的狂纵和愉悦,也有平淡生活的相互体恤;他们以欲望始,却的的确确在艰难生活中重建了相濡以沫的精神之爱。如张爱玲所说,一对乱世中的平淡夫妻,可以依靠的不过只有腔子里的这口气和身边的那个人。①贫贱生活中，他们像两只长满刺的豪猪，想要亲近却互相刺痛，刺痛之后又更加亲近；发起火来相互憎恨，和睦起来又是对方唯一的依靠。比之《伤逝》带给我们的"没有经济爱情无所附丽"的冰凉启示，张资平笔下这对"贫贱夫妻"变态又常态的相濡以沫反而给我们些许温暖。

对于阿欢，陈仲章表现得极有责任感，为她的病四处奔波筹款，甚至断绝自己的生计，出售谋生的职位。阿欢病逝，陈仲章因痛失爱人的内疚而丧失生存的意志。可对于发妻玉莲，因其年老色衰，陈仲章对其怀有鄙夷，而且不大理会玉莲和女儿生活的困苦。面对这样的"厚此薄彼"，叙事者丝毫没有道德规训的意味，也没有站在主人公一边为其开脱，而是不置一词，平淡托出。我们无法看到叙事者的立场倾向。正是得益于这样的"零度叙事"，我们面前的陈仲章有残缺也有光彩，有可恨之处也有可爱之时。他不是政治动物，也非完全的情欲奴隶，他是一个平凡、完整的人。他有野心抱负，也乐于投机取巧得过且过；他一边对异性滥情，一边对阿欢钟情；他一面不给玉莲生活费，一面倾其所有救治阿欢。

一般来说，内层的"肉欲—堕落"型成长故事，主人公通常有着相当程度的选择自由和自觉，故难以将悲剧的全部责任推给外在动因。与此相关，产生的主题往往指向"道德训诫"或"个体精神"。前者如《汤姆·琼斯》这类

---

① 张爱玲：《倾城之恋》，北京十月文艺出版社2006年版，第219页。

成长小说，后者如《红与黑》。但在这两种小说中，叙事者大都有清晰的立场，隐含的叙事声音已经指明是非取舍，因此故事才能引发读者的深切的"悲悯与同情"。而《公债委员》隐含的叙事声音是无声的，我们无从获得确切的价值和立场。对于陈仲章的悲剧我们有所体味，但好像也仅止于如此。我们看不到叙事者的价值评价、道德批判抑或政治希冀。无声的叙事者似乎与陈仲章一样，有着"苟活"的世俗人生观，因此这里没有呐喊彷徨，有的是对情爱的随心随性，对事业的小小投机，对现实的大体接受。陈仲章被捕后迎着灰暗天空纷纷的雪花，想起的是对现实中阿欢病逝的内疚，但他不能够像郁达夫抒情主人公那样将国族观与个人命运相联系发出"生命的绝叫"，因此也就无法生发出"反抗"式的主题。

"社会—压迫"型的外层故事作为叙事重心意味着反抗主题的表达，"肉身—堕落"型的内层叙事与"平安苟活"的市民心态一脉相承。作者使用种种叙事策略使整个小说呈现出内、外层故事相互剥离的状态，客观上将叙事重心转向内层故事，使得反抗主题的表达落空。肯定世俗欲望、接受现世安稳的世俗人生观，这是无心插柳，还是有意为之？我们很难考证张资平当时的创作动机，但可以肯定的是，这篇小说典型地运用叙事策略进行了主题的偷换，用五四的外衣包裹了海派的精魂，悬置了高蹈的社会改造理想，叙述者表达的是建立在常识基础上的犬儒式理解。在这里，实际上已经暗示了张资平与五四新文学之间的距离。

二 两性之爱的"乌托邦"演绎与日常困境

胡适艺术上并不成功的《终身大事》似乎开了"理念先行"的创作先河,五四问题小说大都承其余绪,章衣萍初版于 1926 年 5 月的《情书一束》也有其影响痕迹。①《情书一束》曾先后印过三版,可见当时是极受读者青睐的。它的流行与小说中"大胆"的情欲表达和肉体书写有关。它迎合了消费文化"猎奇""猎艳"的诉求。出版时,作者号称自己"不是文学家",因此不计较世人的毁誉,以为"那样空虚的无意义的荣华,在我看来,远不如我的亲爱的人的脸上吃得胖些更有趣味"②。这种主动抛弃文学价值担当、注重实利的写作心态,似乎已经可以算作通俗文学作家的同路人了,然而对比文本和 1911—1925 年《现代》杂志上几场关于爱情的讨论③,我们很容易从中发现二者文化姿态上的契合。

---

① 尽管已有论者指出《情书一束》与作者个人经历的密切对应关系,但即便是高度写实色彩的自叙传小说,我们也不能否认其中的虚构想象成分,以及这些成分与作者深层文化心理构成的互动关系。毕竟,小说归根结底是"虚构的叙事"。因此我们倾向于暂时抛开将故事情节与作家经历一一对号入座的企图,从想象性叙事的层面探讨叙事的差异性,并追究这差异背后作家"文化姿态"的变化。
② 章衣萍:《出版自序》,《情书一束·情书二束》,中国广播电视出版社 1992 年版,第 3 页。
③ 张莉:《浮出历史地表之前——中国现代女性写作的发生》,南开大学出版社 2010 年版。

(一) 两性之爱的"乌托邦"演绎

《情书一束》的开篇《桃色的衣裳》以日记体加书信体的形式讲述了一个"三人恋爱到底"的"乌托邦"故事。女主人公菊华有个只读"四书五经"吃鸦片的未婚夫。她在为包办婚姻痛苦时,偶然与南京美专学生谢启瑞相识相恋,不久又与刚刚失恋的男主人公逸敏成为笔友,继而相爱。这个三角恋爱故事的特异之处在于,处于情感纠葛的三方对"爱情"所持的激进观点。首先,爱情至上,高于其他社会生活。逸敏为迎接菊华的到来,推脱了工作,他在日记里这样解释:"工作是要紧的,恋爱更是重大的。没有恋爱,工作便成了空虚。"[①] 其次,爱情是高度自由的。爱情是纯粹的情感投射,没有占有和被占有的权力关系,因此爱情没有排他性。菊华向逸敏坦承自己早有爱人后,要求他"不要因为我有他而忧愁,因为你应该爱我一切所爱,爱我一切的事物。我愿意你和他将来能成为很好的朋友,我来介绍你们"[②]。而逸敏日记中也认可菊华的观点:"一个女人可以爱一个男人,也可以爱两个或两个以上的男人,只要她的爱是真实的……爱是应该绝对自由的。"[③] 启瑞得知菊华与逸敏的相爱后也绝无嫉妒。最后,爱情是孤立自足的。"爱情首先被激进地定义为与婚姻的分离,与通

[①] 章衣萍:《情书一束·情书二束》,中国广播电视出版社 1992 年版,第 31 页。
[②] 同上书,第 22 页。
[③] 同上书,第 36 页。

常认为自由恋爱是为了婚姻这种论点截然相反。"① 菊华认为"结婚的制度不打破，恋爱总不能美满"②。小说结尾逸敏和菊华定下"三人恋爱到底"的计划，男女主人公满怀憧憬地告别。

《情书一束》的精神指归仍然与五四精神保持着高度的一致，除却大胆的肉体描写，小说极像那时社会上关于爱情问题讨论的文本演绎，它几乎包含了现代"爱情神话"的所有激进要素，是新文学关于爱情理念化的整体实现。这部以书信和日记为主要叙事形式的小说集，在个体抒情的同时夹杂了太多的议论。这些关于婚姻与爱情、社会与个人的论辩使得主人公具有"理念人""主义人"的色彩。

长期以来，坊间流传不少鲁迅鄙薄《情书一束》的回忆资料，似乎可以作为鲁迅一贯对"海派"持"恶感"的明证。但我们需记得《情书一束》的广告曾紧挨着鲁迅的《华盖集》出现在《莽原》上。③ 正如有的研究者所指出的："广告词虽未见得一定出自鲁迅亲笔，但差不多可说明他对此书的基本态度。"④ 鲁迅对文本所持的肉欲趣味的宽容，也许正是由于看到其下潜隐的、与五四精神一脉相承的激进姿态。肉欲描写背后，作家执着的仍是个性解放、打破

---

① 章衣萍：《情书一束·情书二束》，中国广播电视出版社1992年版，第22页。
② 同上书，第46页。
③ 见1926年10月《莽原》半月刊封底。
④ 许道明：《海派文学论》，复旦大学出版社1999年版，第265页。

一切封建伦理秩序、指向"反传统"的启蒙意识。然而，当我们对比章衣萍移居沪上之后出版的《情书二束》时，很容易发现作家的关注焦点和文化姿态都有了变化。

（二）两性相处的日常困境

1927年，作家移居上海后出版的《情书二束》中的一个文本——《痴恋日记》与《情书一束》中的《桃色的衣裳》构成了有趣的"互文"，除了人物设置由"二男一女"变为"一男二女"，前者类似后者的接续故事。《桃色的衣裳》所讨论和设想的三人同居的情爱"乌托邦"，在这部日记体小说中得到了实现。叙事者"我"与任之是恋人，"我"本着"爱情绝对自由"的理念将其介绍给女友芷英，之后三人组成"家庭"，但"黄金时代"的到来伴随的是两性的日常烦恼。"我"和芷英分别代表了"灵"与"肉"，"绝对理性"与"世俗常情"。"我"觉得"唯有'理性'可以救我，我只有重复地要求'理性'来帮助我了"；"最不得已的时候，只有把书本当作我的母亲来教我了"。"我"面对三人之间出现的困境，仍记得三人同居的初衷，常常以克制隐忍的态度试图调和。芷英有"丰满的肉"，是个"虚荣的女子"，任性自私，为吸引任之的注意而有意折磨他，常常借故吵闹甚至赌气离家。这一切都使"我"和任之苦恼。但让"我"困惑的是"任之常说芷英缺点太多，但他爱的却是她的缺点罢？一个女子能用她的肉体去献给她的爱人，以她的妖冶的眼波打动她爱人的心，这算什么呢？这并不是她的缺点，然而任之常说她太磨人了，不知不觉地在那缺点中打滚，享乐着自己的魂灵，反而说我是一个不会表现爱的人"。结果，"我"的百般退让换来的是自身的情欲压抑和爱人的日渐疏远。最后三人同居终于无法维持，"我"退到日本，贫病交加，客死异乡。人的本性是偏私的，爱情是有排他性的，"乌托邦"大厦在这亘古的"世俗常情"中倾颓。在这里，"日常"压倒了"先锋"，"常情"战胜了"理念"。作者将一个"情爱乌托邦"的文本演绎改写成两性的日常故事，在对人性了解的常识上解构了关于婚姻爱情的激进构想，这是市民价值观对五四理念的弱化。

三 "娜拉走后"的三种结局

五四时期，易卜生的"娜拉出走"在中国的启蒙语境中被具体化为青年对封建家庭制度或安排式婚姻的反抗。"娜拉"这一被移植的文学形象似乎已经成为五四精神的重要表征之一。20世纪中国文学中的"娜拉叙事"不绝如缕，胡适的《终身大事》将娜拉转化为中国形象；庐隐、淦女士等五四女作家笔下的娜拉徘徊在"两道门（父之门和夫之门）之间"，进行着情智激战；鲁迅的《伤逝》从经济层面探讨"娜拉走后"的命运……新文学出身的"海派"作家似乎也割舍不掉"娜拉情结"，他们笔下的女性人物大多有着娜拉的前身。小说中的女主人公不是封建家庭中的传统女性,她们都曾经是"女学生",爱好文艺,甚至有过不满封建婚姻,为追求爱情自由而出走的经历,如苔莉、《公债委员》中的阿欢、《红雾》中的丽君,"时代姑娘"丽丽。小说中"娜拉"的命运也恰恰与鲁迅"不是堕落,就是回来"的预测暗合①,但文本最终并未指向《伤逝》那样严肃的主题,仍然充满了"海派"趣味。

(一)"回来"后的出轨

《苔莉》中的同名女主人公是个"高谈文艺和恋爱"的"很时髦的女学生",她爱好文艺,婚后还在"社"中担任职务。苔莉曾经为追求恋爱自由而离家出走,不料她自诩的"自由婚姻"是另一场骗局,她不过再次充当了另一个男人的"妾"。苔莉客观上重新"回来",落入封建家庭秩序中。但是这个"娜拉"的前身并未为婚外情提供多少合法性,苔莉的出轨主要是受情欲的激荡,而并非出于理性反抗意识支配下的选择。选取克欧之前,她曾将其与另一个"后备"情人相互比较,最终克欧的"男性魅力"更胜一筹。苔莉像一个精于算计的生意人:货比三家,确定目标,采取行动。整个叙事是由苔莉"步步紧逼"的引诱推动的,她与男性主人公的"恋情"发展脱离了五四女儿"谈情说理"的套路,而是以相当世俗的方式进行。苔莉在家庭情境中借助多种身份引诱克欧,比如以表嫂的身份照

---

① 鲁迅:《娜拉走后怎样》,《鲁迅全集》第 1 卷,人民文学出版社 2005 年版,第 166 页。

顾克欧的饮食起居,故意在克欧面前裸露乳房哺育孩子,撩起裤管让他看腿上的汗迹,在外又虚拟妻子身份与他结伴而行,令外人误以为他们是一家人……苔莉借助自己多重身份的便利为男主人公虚拟了一个"家",令他产生"一家之主"的想象,克欧最终在性的诱惑下将想象付诸实践。与《伤逝》时刻反思忏悔的叙事者不同,在《苔莉》中,外视角的叙事者没有展示任何立场,也从未打断这种在日常化的"拟家"游戏中推进的叙事。可见,文本的叙事重心不在于探讨苔莉因被骗而出轨的合法性以及人物的最终命运,而在于用相当长的篇幅津津乐道地描写女性主人公对男性主人公的诱惑。至此,《苔莉》表面上呼应了五四的题旨,实际上却将主题置换成了一个庸俗的婚外情故事。

(二) 自主的"堕落"

叶灵凤的《时代姑娘》演绎的是"娜拉走后"的另一种结局——堕落。表面看,这是个典型的"娜拉堕落"故事:秦丽丽是个活泼大胆的女学生,她已有一个自由恋爱的恋人韩剑修,家里却为她安排了另一段"货物"式的婚姻。立意报复的丽丽精心安排在半岛酒店内将自己的肉体奉献给真正的爱人韩剑修,而后出走到上海,成为银行家萧洁的情妇。这个故事具备了五四问题小说的格局,但叙事并未沿着探讨女性道德和经济双重压力的话题延续下去,因为丽丽的选择更多地带有"自主性"。丽丽离家后本可以与恋人韩剑修双宿双栖,但是她主动放弃与韩剑修结合。所谓的"堕落"似乎也没有什么被迫成分,做萧洁的情妇非但不是被骗,反而能够让她在这种非婚关系中游刃有余。她面对萧洁妻子也"落落大方,侃侃而谈",以致"萧妻竟为所慑,敢怒而不敢言"。这场景让人联想起《海上花列传》中长三堂子高级妓女的做派。最后,韩剑修发觉丽丽"堕落"的真相,出于自责而自杀。这部连载小说以丽丽"幡然悔悟"草草收尾。

  如果说这部小说对"女性解放""婚恋自由"怀有某种反思意味,那么也是相当表面化的"浪子回头"式的道德训诫。韩剑修的自杀充满了一厢情愿的"误会":他抱着"一种对于爱的坚强的伟大的信念,……决心要从茫茫的人海中找回他的丽丽"。从报纸上发现丽丽被称为"时代姑娘",卷入银行家的离婚事件中,他一方面以为丽丽"移情别恋",另一方面感到对于丽丽的"堕落"负有责任,于是抱着"爱的坚强"自杀。韩剑修对丽丽的理解建立在对爱情的罗曼斯想象上,却不知女主人公早已看透了婚姻的"买卖"成分,她乐意剥掉虚假的面具,做一个"坦白的'罪人'"。但叙事者并不关心女性建立在"绝对自由"理想上的无路可走,若非韩剑修的自杀,丽丽作为一个"时代姑娘"的生活大概仍然顺利得很。她在两性关系中游刃有余,她并不爱萧洁,不必刻意讨好他就能获得一切,她得意于"自己能够颠倒旁人驱策旁人的威力",游戏中有着自赏心态,她很少有陈白露式的对自我悲剧命运的认知。与陈白露最终陷入精神绝境不同，对于丽丽而言，"太阳升起来了"，太阳仍然属于她。

（三）无法坚守的理想

章克标的《秋心》似乎是另一种"出走"结局的模式：遗憾终生。女子放弃家庭以成全个人事业和精神的追求，获得成功却终生遗憾。"她"与陈衡哲小说《洛绮思的故事》中的女主人公洛绮思一样，有着远大志向。丈夫去世后，她孤身出国留学，"抱定宗旨做一个女流教育家，为社会国家造福利"[①]。陈衡哲笔下的洛绮思在精神上经历了种种斗争，最终仍坚持独身。章克标却设置了一连串的巧合、误解，循序渐进地激发女主人公的个体情欲。曾作为理想象征的小照在女主人公情欲觉醒的目光中有了变化：她近来觉得"那页小照，再不是和气可亲的面容了，好像对她怒目叱责"，"又觉得那一页小照是羁绊她的绳索……她对于自己的境地，有深切悲痛发生了"。最后，"她"只感到那页小照"同尸体一样的坚冷的触觉"，"她"最终将那幅象征坚贞的小照"连架框放进不惹眼的书籍角里去了"。在作家看来，剥离了政治内涵的个体情欲同样具有正当性，当情欲不再用于表征反抗，不再作为激进革新的武器，它在主人公日常生活中仍具备颠覆性的力量。

不难看出，海派作家笔下的"娜拉叙事"剥离了启蒙

[①] 陈福康、蒋青山编：《章克标文集》，上海社会科学院出版社2002年版，第67页。

理想,他们热衷于将娜拉还原成具有色情欲望的女子,在日常生活场景中演绎她们的激情故事。

四 虚置的"革命"

早期普罗小说为"娜拉"安排的另一个结局是"革命"。"革命"是当时上海最时髦的话语,趋新的海派作家自然也不会忘记加入"革命"的调料。他们叙述了不少"革命+恋爱"的故事,如滕固的《丽琳》、叶灵凤的《红的天使》、张资平的《黑恋》《长途》等。但深入小说叙事,我们可以看到,"革命+恋爱"的主题在海派作家和左翼作家笔下有着根本差异。

这差异首先表现于"革命"在功能层面上的作用。茅盾曾经将早期左翼小说的"革命+恋爱"公式概括为三种类型:第一类"为了恋爱而牺牲革命",借主人公现身说法指出"恋爱会妨碍革命";第二类是"革命决定了恋爱";第三类是"革命产生了恋爱"。[①] 不管是哪一种,在早期普罗小说中,"革命"与"恋爱"的确发生了关系,"革命"作为"行动元"在叙事中具有"核心功能"的作用[②],能够

[①] 茅盾:《"革命"与"恋爱"的公式》,《茅盾全集·中国文论三集》第 20 卷,人民文学出版社 1990 年版,第 337—339 页。
[②] 根据罗朗·巴尔特的叙事学理论,"核心功能"是能够对故事进程起逆转性影响的功能,"催化功能"能够微观影响叙事进程,但不起决定性作用(见罗朗·巴尔特《叙事作品结构分析导论》,伍蠡甫、胡经之主编《西方文艺理论名著选编·下卷》,北京大学出版社 2003 年版,第 483—484 页)。

决定性地影响叙事进程,叙事主要是根据"革命"逻辑进行推演。丁玲《韦护》中的爱欲狂欢因"革命"以戛然而止的方式结束;蒋光慈的《冲出云围的月亮》中曼英放纵肉体的内在动因是出于对"革命"的沮丧,后来又因对"革命"重拾信心而结束放纵;革命的洗礼把华汉《两个女性》中的云生"从前的一切文弱气都洗涤尽了",正是革命塑造了他"钢铁一般的坚,金玉一般的洁",才使得三年前在情场上败北的云生重获女主人公的青睐。

但在海派的"革命+恋爱"叙事中,"革命"与"恋爱"往往并不构成互动关系,更毋谈"革命"的"核心功能"。"革命"大多作为背景点缀,使叙事增添了几分惊险神秘,类似侦探小说的趣味,底下仍是两性情欲故事。剥离"革命",故事仍然成立。如张资平《黑恋》的叙事框架是几个年轻人在大革命期间的生活经历和革命活动,他们最后都被发动政变的军阀杀害。但在具体叙事中,"革命"成了男女恋情的调味品。女大学生奕芳先后与大学生白君展、革命者T、政治部主任何清同居,甚至堕落为政变一方吴团长的姘妇。"革命"框架下所讲述的不过是个"多角恋爱"的情欲故事,长篇小说《明珠与黑炭》也是如此。"革命"只在少数文本中产生微弱的"催化功能"。叶灵凤的《红的天使》刻意渲染男主人公的革命者身份,而事实上发生的"四角恋爱"与革命并无直接关系。"革命"唯一产生"催化功能"的情节是妒忌男主人公的情敌故意泄露其行踪,致使男主人公入狱。但是在这里,"革命"实际上可以被随意置换成任何"非法"行为,"革命"在推动故事发展中并不具有特殊的意义。

其次,叙事的差异表现在叙事者对"革命"的态度上。米克·巴尔说:"在叙述文本中可以找到两种类型的发言人:一类在素材中扮演角色,一类不扮演(这种区别即便当叙述者与行为者合二为一,例如在叙述中以第一人称讲述时,依然存在)。"① 这类不扮演角色的叙述者往往或显或隐地占据权威地位,更加接近隐含作者。因此,当人物声音呈现多声部,叙事出现矛盾时,不扮演角色的叙事者起到"场外"的评判作用,引导着读者的认同感。早期普罗小说中,"革命"无疑具有正当性。当"革命"与爱情冲突时,即使男性人物声音处于交战纠缠中,叙事者的声音也往往居高临下地强调着"革命"的正当性。在丁玲的《一九三零年春上海(一)》《一九三零年春上海(二)》中,都可以听到这样的权威叙事声音。而海派小说文本中的权威叙事声音立场则迥异于早期普罗小说。《红的天使》中,作为革命者的男主人公一出场就有一段类似普罗小说立场的心理独白:"谁说女性是人生的安慰?她是男性的仇敌,至少也是我这样男性的仇敌。她是蛇,是时时都在向你诱惑,想你抛下你的工作,去伏在她怀中。抛下我的工作去伏在一个女性的怀中么?不,不能!这宁可做女性眼中的罪人,

---

① [荷]米克·巴尔:《叙事学:叙事理论导论》,谭君强译,中国社会科学出版社1995年版,第215页。

我不能做我工作的罪人。"① 对此,权威叙事者忍不住跳出来评论:"但是,在明眼人的眼中,都知道这是健鹤没有实际经验的理论,他还不知道在这两难的问题中藏着有一条幸福的第三条路。"叙事者立即为他安排了一条与革命并行不悖的"第三条路"。可见,"革命"的正当性、权威性在文本中受到质疑,叙事者并不能认同革命话语对个人情爱选择的控制。

尽管技巧幼稚,早期普罗小说"革命+恋爱"背后仍是革命主体和知识分子主体之间的紧张关系,左翼作家虽强调"为大众代言",但他们对自己的身份定位仍是"知识阶级",某种程度上持守的仍是精英立场。海派文本实际上抽空了"革命",虚置了精英价值和革命话语,"恋爱"(私人情欲)主题在通俗改写中"一枝独秀"。

以上归纳并不能涵盖所有早期海派文本,但至少能够得出这样两种判断:首先,转型期小说通常会承袭原有的叙事形式,通过改变其中某些细节成规来安放新的意蕴。早期海派作家们对既有叙事模式的改写热情,印证了他们的"过渡性"特征。其次,考察他们对种种叙事模式的偷换和改写,我们发现一个更有意味的现象:这些偷换和改写都不同程度地有着"去意识形态化"的作用,它使叙事偏离了原有的主题,呈现出殊途同归的指向——日常情欲。

---

① 叶灵凤:《叶灵凤小说全编》(下),学林出版社1997年版,第406页。

第二节　日常情境中的激情女性——叙事重心的转移

日常生活是亘古不变的柴米油盐，是现代化的"声色光影"，是可凭记忆以之重建的嗅觉颜色……在包罗万象的"沧海"中，第一代海派作家却选取其间"一粟"——"情欲"，想象铺陈。

一　日常情境中的激情女性

唐小兵曾经试图用"英雄与凡人"的分野竭力涵盖20世纪中国文学的一些基本命题，这种分法固有其合理，但事情往往不像"井水不犯河水"那么分明，就像海派的日常情欲主题。他们一方面试图让那些宏大词语从生活中脱落，另一方面又不甘心完全回落到常态生活的平淡琐碎，这样混沌暧昧的叙事姿态使得他们塑造了一个又一个生活在日常情境，却放肆张扬的激情女性。

（一）"还原情欲"的企图

与"海淫"的骂名相反，民初言情小说可谓"无情"的言情小说。"几个主要的鸳鸯蝴蝶派作家，其言情小说的毛病不但不是太淫荡，而且是太圣洁了——不但没有性挑逗的场面，连稍微肉欲一点的镜头都没有，至多只是男女主人公的一点'非分之想'。"① "极致言情"使得叙事氛围脱离了日常情境，小说人物，尤其是女性人物愈加理想化，丧失了真实面目，叙事结局终究摆脱不了"礼佛""出世"的倾向。

"五四"时期的人本主义为情欲"正名"，但在启蒙话语、革命话语下，"情欲"是作为具有颠覆性力量的武器被使用的，它的最终诉求指向精英知识分子关于现代国家的想象，主观上被纳入另一种"理性"言说。这样，刚刚从封建秩序中解放出来的"情欲"又陷入了"二度压抑"，脱离了普通人的日常生活，沉没在"民族国家"的叙事中②。

对于普通人来说，事实是怎样的呢？也许不过如张爱玲所说，"'人性'去掉了一切的浮文，剩下的仿佛只有饮食男女两项。人类的文明努力想要跳出单纯的兽性生活的圈子，几千年来的努力竟是枉费精神么？事实是如此"③。在这些海派作家笔下，"一切坚固的东西都烟消云散了"，"情欲"以非意识形态化的面貌进入日常生活（当然，他们尚未达到如张爱玲那样"在普通人中写传奇"的反现代性

---

① 陈平原：《二十世纪中国小说史》第1卷，北京大学出版社1993年版，第214页。
② 刘禾认为"五四以来被称作'现代文学'的东西其实是一种民族国家文学"（见刘禾《文本、批评与民族国家文学》，王晓明主编《二十世纪中国文学史论》，东方出版中心2005年版）。
③ 张爱玲：《烬余录》，《流言》，北京十月文艺出版社2006年版，第45页。

的深度),而他们的意义正在于此。他们脱离了鸳鸯蝴蝶派陈旧背时的叙事模式,借助人本主义思想建立起来的情欲言说的合法性,以市民立场抽空、消解了激进理性,将市民意识和精英意识进行了一次颇有意味的对接,重新构筑了新语境下关于两性的日常想象。

(二) 日常化场域的设定

"家庭是中国男性和女性最基本的社会场域。"① 鸳鸯蝴蝶派小说对封建家庭的言说仍停留在封建伦理与晚明"唯情主义"的冲突层面,而五四文学和早期左翼文学的"离家"主题,也在某种程度上放逐了对家庭的日常性书写。如上所述,海派构建日常生活的企图是以置换现有叙事模式开始的,他们的日常叙事却是以家庭为基本场域的。

酒吧、咖啡厅等摩登场景溢出了当时普通人的经验,现代城市的速度感和潜在压抑感也游离了"写实"手法的最佳表现范围。因此,在彰显具有现代色彩的城市经验时,作家们往往采取另一副笔墨——运用"唯美—颓废",乃至新感觉意味的手法进行片断式剪接,这类作品的总体阅读感受是"感觉大于事件"。同样写公共交际场所,新感觉派笔下的夜总会黑白色彩中弹跳着音乐的节奏:

白的台布,白的台布,白的台布,白的台布……

---

① [美] 高彦颐:《闺塾师:明末清初江南的才女文化》,江苏人民出版社 2004 年版,第 12 页。

白的……

白的台布上面放着：黑的啤酒，黑的咖啡，……黑的，黑的……

白的台布旁边坐着的穿晚礼服的男子：黑的和白的一堆：黑头发，白脸，黑眼珠子……

白领子，黑领结，白的浆褶衬衫，黑外褂，白背心，黑裤子……黑的和白的……

白的台布后边站着侍者，白衣服，黑帽子，白裤子上一条黑镶边……①

章克标处处留心的却是室内的装饰布局，"红木的家伙""紫檀的案桌""厚厚的帷子"②，好像仍然是《海上花列传》里的"拟家布局"。

城市浪子们热衷展示"造在地狱上的天堂"堕落美艳的一面，而对于普通市民，大上海也许仍然是里弄的吵闹，亭子间的闷热，只不过间或夹杂电车的丁铃声。海派作家将他们的人物设置在这样既新又旧的场景中，主人公也会逛法国公园，乘轮船，住旅馆，但那不过是他们生活必需的一部分；他们的女主人公不是沙龙的女主人，而是摇着旧蒲扇，哄哄孩子，买买小菜的主妇。在海派作家笔下，家庭场域不是幽禁女性的主要历史场所，而更多的是作为

---

① 穆时英：《夜总会里的五个人》，《白金的女体塑像》，黑龙江人民出版社、北方文艺出版社1997年版，第158—159页。
② 章克标：《做不成的小说》，陈福康、蒋青山编《章克标文集》，上海社会科学院出版社2002年版，第286页。

情欲故事的主要发生地。在这里,代表社会规训力量的"丈夫"往往"不在场",于是女性人物方便地将家庭布置成两性游戏的场所。

(三) 激情女性的登场

在这样消弭了伦理规约的"日常化场域"中,一个个"激情女性"得以大展拳脚。对男性童真有强烈占有欲的馨儿(张资平《性的屈服者》),利用多重身份实施诱惑的苔莉(张资平《苔莉》),因月经拒绝叔父而陷于懊悔的少妇(叶灵凤《明天》),"银蛇"一般美艳动人的伍昭雪(章克标《银蛇》)……苏雪林说张资平"笔下尽是性欲变态的人物",这评价似乎对此期的海派作家颇为适用。但事实上,尽管性欲的确在他们的文本中呈泛滥之势,"变态"却还未必。作家们大规模地将激情型女性设置在日常生活场景中,分明是试图将这些女性作为常态生活的一部分。相比鸳鸯蝴蝶派小说中愈来愈趋向"完美"的"佳人"和五四文学、革命文学中取道"理性"的女性,海派小说文本极力彰显女性人物"真实本能"的一面,为我们提供了另一种"新女性"的构型。

也许是出于对沪上鸳鸯蝴蝶派不食人间烟火"佳人"形象的反拨,海派作家笔下的女性一登台就显示出肉感的美丽。他们热衷写"婚外情"或"不伦之恋",既将场景设置在日常生活中,又溢出一般的家庭伦理秩序。他们笔下的女性人物一般没有经济困境或形而上的思想冲突,她们本可以忠于自己的角色，在日常轨道正常运行，做个"贤妻良母"。但她们不约而同地被非理性的力量抛离轨道，虽然间或也有对丈夫的内疚和对社会惩戒的恐惧，但更多的是情欲张扬的决绝姿态。

二 女性形象的情欲化书写

在海派运用现代主义技巧摹写城市景观的作品里，女性大多被作为城市现代景观之一加以外部叙述。男性叙事者热衷于窥视她们富于西方审美色彩的外貌，如"丰满的嘴唇""理智的前额""瘦小而隆直的希腊鼻"，疏懒疲惫的大眼睛、狡黠的笑意、肉感的曲线……虽然间或也曾透露她们对于男性的"消费心理"、"游戏"心态，但在描写女性情感心理方面实在很少为我们提供阅读经验。女性人物于此更纯粹地充当了男性欲望的投射物。她们身上"美而有害"的特质、速度感和陌生感，多来自男性叙事者对城市现代化不可把握的焦虑和抵抗。她们在两性关系中占据主动和优势地位，某种程度上控制着叙事的走向。

但这种控制并不是建立在女性复杂心理机制运行下的行为反应之上，而是在男性主人公"去势"心理的自动弃械中"不战而胜"。这类作品中的女性人物是没有"社会履历"的天外之物，她们的心理机制被抽空，我们无从得知她们行为的前因后果。有关她们的书写无疑也是情欲化的，而这种情欲化类似镜像投射的产物，女性人物不具备自我言说和自主演绎的可能。在这一点上，海派的日常化叙事对于女性"情欲化"的书写与之有着显著的不同。在此不妨通过以下叙事策略的分析来探知一二。

（一）男女角色的重置与女性的自我演绎空间

"她来引诱我"的男女角色关系设置在古典文学中一直存在，蒲松龄的《聊斋志异》可谓集这类想象之大成，那些美艳动人又谨守礼教的狐仙媚女满足了男性对性和世俗功名的双重欲望。在这类叙事中，女性人物的性格有模式化倾向，其活动也趋于程式化，她们难以在虚构性的文学语境中发挥功能。女主人公在两性关系发展之初虽然处于主动，但往往在"功德圆满"后退场，她们并不能真正掌控两性关系的进程。她们在叙事中的焦点位置不过是为了满足阅读观赏的需要。即便《玉梨魂》及其之后以女性为主体的"言情"小说也具有同样的意味。女性作为文本中的静态景观存在，她们不具备自我言说的功能，仍处于"不在场"的状态。

早期海派小说文本对女性的"掌控力"出现了不同的叙述。女性逐渐显示出控制的力量，她们不仅一开始就在两性关系上处于主动，而且一步一步推动着两性关系的进程，使得男主人公"欲罢不能"。章克标的《银蛇》据说是戏仿郁达夫与王映霞的故事，在这个"男追女"的结构中，我们看到的是"女追男"的实质。邵逸人虽然是男性，但他情绪化得近乎夸张，处理感情时并无稳定立场，因此伍昭雪对他冷淡时,他便转向另一个女子,而伍昭雪稍假颜色,他便乖乖转回来。伍昭雪其实并非那么单纯。小说对伍昭雪赴约有过一段精彩描写。伍昭雪反复声称"啊,不去,我不去呀!"同时利索地打扮:

> 她仔细洗她的脸,洗她的手,掠她的发,整她的鬓角,按她的后髻,擦她的白粉,照她的镜子。她站在墙边的茶几前,对着那洗脸器,做这件做那件。在她身后的,只见她伸了头,屈了腰,一回儿俯,一回儿仰,一回儿拍手轻轻,一回儿顿足徐徐。用过了化妆水,用过了香油,用过了白粉,用过了口脂,用过了香水,用过了雪花膏,用过了粉扑……
>
> 她就闭上了箱子,站起来,乘势用脚把箱子一推。趁这步调,转了一个直径一尺的小圆圈。
>
> "啊,我不去,不高兴呀?"
>
> 伍女士真有一点后悔的样子。她走圆了圈子,说了这话,又在十五秒钟内继续地做了五个跳舞的姿势。
>
> ……
>
> 她却又转回来,取了镜子又端详起来。
>
> "讨厌的,啊,我不要去了!"
>
> 她开了房门像猫嗅得了鱼腥一般地一溜烟出去了……①

---

① 章克标:《银蛇》,陈福康、蒋青山编《章克标文集》,上海社会科学院出版社2002年版,第127—128页。

叙述者借其他人物之口不无嘲讽地说"真像是妓女的出局"。伍昭雪的确有妓女一般掌控男性的手腕,邵逸人面对伍昭雪的欲擒故纵毫无抵抗力,在这篇未完成的小说结尾,伍昭雪一纸便笺便恢复了与邵逸人的关系。海派文本用力写女性对男性的"致命诱惑",男性即便有种种挣扎,终究无法逃脱"沉沦"的命运,传统的男强女弱角色被重置。

海派作家创作了大量日记体和书信体作品,这似乎是五四自叙传小说的滥觞。作为诉请主体的女性,她们的言说具有了自己的理路,不再限于男性欲望的镜像投射。叶灵凤的《浴》对女性情欲萌发的心理描写十分出色,《明天》中少妇对叔父的拒绝居然不是出于一般的伦理观,而是迫于身体不适。她对叔父因怜生爱,抗拒中的犹豫,决绝后的懊悔都是根据人物自身的逻辑进行演绎。

海派作家对男女角色关系的重置,初步展示了女性在两性关系中的"强势"地位,女性人物因此获得了叙事上的"主动"和自我演绎的空间。这些处于叙事焦点的女性人物,既充当着男性叙事者的欲望投射对象,同时又是情欲叙事的主要演绎者。在全知叙事中,她们有着自己的欲望取向和情感理路,并且掌控着两性关系的进程。女性人物的主动参与使叙事出现了多重声音:一方面,女性人物作为男性叙事者的欲望对象而存在;另一方面,她们身上所具有的强大的非理性色彩脱离了叙事者的掌控,传达出自己的声音,甚至在某种程度上反过来操纵男性人物。于是,她们不再只是被动的欲望符号,而是成为欲望的享受者,她的需求与男性欲望一起得到展示。正是在这样的自我演绎空间中,女性人物的欲望化书写获得了双重意味:她们不仅仅是被欲望化的客体,同时也是欲望实施的主体。

(二) 多重角色身份与女性单一欲望

家庭场域中的女性人物往往具有多重身份,她们是女儿、妻子、母亲和情人,在海派"乱伦"故事中时或还兼有表嫂、表妹、侄女的身份。多重身份带来的本应是女性的多重感受,乃至各种身份相互冲突下的复杂体验,但早期海派作家只专注于描写女性人物担任"情人"角色的单一侧面,其他的角色体验被抽空。女性没有保有或丧失身份的焦虑和担忧。由多重身份引起的道德焦虑在故事中多由男性人物承担,女性人物在恋爱中则是"心无旁骛",欲望单一。

苔莉是一位妻子(至少是白国淳在城市里受到承认的妻子)、母亲,同时又是克欧的表嫂。但这样多重的身份似乎对她的行为没有什么规约作用。她尚未坐实丈夫在乡下有妻子就已经展开行动引诱克欧,在与克欧交往之前还曾与另一个青年胡郁才过从甚密,以至于引起克欧的嫉妒。白国淳的欺骗似乎并未给苔莉的出轨提供多少合法性和获得同情的可能。孩子在苔莉与克欧交往初始还作为苔莉"搬演戏剧"的"道具"出现(苔莉常常借喂乳的机会展露肉体),一旦两人的关系"步入正轨",孩子便无声无息地从故事中消失了。苔莉似乎从未把自己定位在母亲身份上，她每天焦虑的是如何挽留住克欧的心，为此甚至心甘情愿忍受克欧对她肉体上的蹂躏，"她以为不抱持这样的忍从主义就不能维系他的心"。苔莉似乎只专注于情欲的满足，多重身份并未对她构成焦虑性影响，更未阻碍她对克欧的诱惑。

相比之下，男主人公克欧则深深体会到多重身份角色的制约。他是在极为复杂的心情下接过苔莉抛来的绣球的。作为二十多岁的青年学生，他有着性的烦闷，对异性肉体充满渴望。他被苔莉的美貌所吸引，同时也为苔莉的表嫂身份所阻滞，为此异常苦闷。在苦闷中，他以交流艺术的名义频频与苔莉交往，且以"我们的交情是很纯洁的，我们纯是艺术的结合"做掩耳盗铃式的自欺。因此，他徘徊、游移、挣扎。他对社会角色的规约有着明确的体认，他惧怕社会对叔嫂奸情的指责，同时，人们对他娶别人的姨太太做正式夫人的讥笑也让他更为踌躇。他认为"名誉是不能为恋爱而牺牲的。恋爱固然神圣，但社会上的声誉比恋爱更神圣！换句话说，男人为自己的将来事业计，就牺牲他的心爱的女性也有所不惜"。然而，他终于与苔莉一起跳进爱河，在欲海中沉浮、翻滚。他迷醉于苔莉的肉体难以自拔，但犯罪意识、社会的名誉地位等又使他时时想"为自己的前程计，为自己的社会地位计，不能不牺牲她了。为避免社会的恶评计，为满足父母的希望计，更不能不牺牲她了。若把自己的像旭日初升的前途牺牲，丧失了社会上的地位，那就等于自杀！""为保持自己在社会上的声誉，为爱护自己的前程，也只好割爱了"。可以说，从一开始，克欧就处于社会多重角色和自我情欲的纠葛矛盾中。而身份更为复杂的苔莉恰恰缺少这样的矛盾。叙事者偏重表现她追求个体情欲过程中的勇敢决绝，即使有不安，也是对恋人"专一"的患得患失。

《飞絮》（张资平）中的云姨、《爱之涡流》中的梅仙等人，也都有着这样的多重身份和单一欲望。甚至在《痴恋日记》（章衣萍）中，女性人物也没有体会到多少一般社会道德因"三人同居"而对其角色否定的压力，而更多的是自身情欲受到压抑。

凸显女性人物的单一欲望，从某种意义上窄化了对女性心理机制的书写，但从另一方面也强化了女性的主体欲望。女性因忽略自身其他角色身份，欲望单一，恰恰展示出不同于男性主人公的张扬姿态。她们敢于正视自己的自然需求，敢于主动出击，甚至谋划布局，情欲的非理性特质在她们身上得到了浓墨重彩的书写。

（三）"影像"女体

海派文本的女性外貌已经脱离了"弱柳扶风"式的审美，她们都有着"鹅蛋脸"，"桃色的双颊"，"有曲线美的红唇"，"富有脂肪的肉感"，这是带有西方审美色彩的性感尤物。对女性的大腿、红唇、乳房等具有性征部位的特写俯拾即是：描写作为少妇的馨儿时，叙事者关注的是她

"只穿一件淡红色的贴肉衬衣懒懒的躺在椅上。她像喂了乳,淡红色的乳嘴和凝脂般的乳房尚微微的露出来……馨儿的微泛桃花的白脸,露出襟外的乳房,腮部,没有一处不显出她的女性美"。未婚的少女保瑛则是"双颊饱和着鲜美血","像半透明的白玉般",嘴里洁白整齐好看的齿如"两列珍珠","鲜红的有曲线美的唇映在吉叔的视网膜上比什么还要美的"。一个少妇,一个姑娘,叙事者关注的都是她们能够激发男人本能欲望冲动的性感部位。在描写女体时,叙事者好像一个男性偷窥者,他引领读者窥视那些隐秘的镜头,如女性喂奶:"她(玉莲)袒着胸喂乳给小女孩吃时,那两个肥大的雪白的乳房和有曲线美的褐的乳嘴给了他不少的蛊惑。"

李欧梵的《上海摩登》考察过画报封面和西方电影对海派作家的影响,他认为这种具有肉欲色彩的西方审美直接影响了新感觉派作家笔下的女性形象。早期海派文本的女性已经有了这样的"克隆"倾向,他们笔下的激情女子不再具有整体性美感,而是在男性赏玩的目光下变成一个个被切割的局部。到新感觉派的摩登女性已经接近模式化,"影像化"的女性形象被置换成一个象征的物,进入了象征秩序中,并在这个秩序中不断地复制和运行。她们不再是原始的实在物,不再是一个具有来历和立体的真实生活的有血有肉的人,而成为表达情欲的符号。

海派女性人物的情欲化具有双重意味:一方面,她们是男性欲望的投射物,"影像"女体以及对女性多重身份的窄化都打着男性塑造的烙印，她们是建立在男性欲望狂想上的女性；另一方面，正是男女角色的重置和女性单一情欲的凸显，使女性人物获得了一定的自我演绎空间。她们不再仅仅作为被动的"客体"，而是具有自身的欲望和逻辑，并且以主动出击的姿态推进叙事，使男性人物"欲罢不能"，一定程度上脱离了叙事者的掌控。

三 女性形象的妖魔化书写

值得注意的是男性人物以及貌似中立的叙事者对这些欲望化女性"爱恨交加"的态度。他们一面不由自主地靠近，一面怀有疑惧；即使在热恋期间，赞美的同时也不时流露出诅咒。透过男性的目光，女性人物带有了某种妖魔色彩，由此与五四追求解放的"新女性"拉开了距离，回落到"妖人—自妖"的"祸水"套路中来。作家借用男性主人公的妖魔化臆想和在叙事情节中赋予疾病以"天谴"意味，来实施对女性人物的妖魔化书写。

（一）男性的妖魔化臆想

章克标的《银蛇》得名于男主人公邵逸人在火车上的一段似梦似幻的臆想。

> 逸人昏沉沉的觉得眼皮重起来，就挺一挺脚把上身全交付了椅子背，索性闭了眼睛，火车的微震单调

的喧声渐渐引他进了梦幻的国土。……真个四周都灰沉沉的暗云,而且有轻隐的雷鸣,这雷鸣却跟着一条大蛇,那蛇在灰暗的云中粼粼地闪着银光,蜿蜒而灵动,舞着一个奇妙的仙踊,却又像箭一般飞也似的射发了,到了一个山谷的溪流中沉没下水去。溪水中露了一个鱼的尾巴,渐渐看上去却粗大起来有些像人类的腰下了,正像在腰际的又紧了一紧延上去却是胸了,这里忽然鳞片也没有了,却是滑腻的羊脂白玉;又上去突起了那一对可爱的乳峰,倒像蒸熟了的大理石般热气腾腾的,忽然水里面又露出了一个人的面孔却又模模糊糊地看不清楚,这模糊之中印出那两颗深黑的眼珠,像脱出了眼窝而浮起在空中,一动也不动在凝视着什么,又像含着蛊惑的微笑的那眼珠,那眼珠却是注视着他的胸口,他觉得有未知的力量照临在他的胸上,压着他使他不能起来。却又感着一股不知从什么地方放射出来的眼光,注在他面上阴森森剑光一般地寒凉,仰头一看那小溪上的岩石上也有亮晶晶的一双乌珠,再看溪流里却浮着一个已肿胀的浮尸,再仰头却是伍女士的面孔,在那山岩边对他露牙狞笑。他一惊醒了,身上是冷汗淋淋的。[①]

这段似真似幻的梦境其实并不出奇,它套用了古小说

[①] 章克标:《银蛇》,陈福康、蒋青山编《章克标文集》,上海社会科学院出版社 2002 年版,第 150 页。

中的"美女蛇"形象。有趣的是它发生在邵逸人被伍女士拒绝后,继而打探到她的行踪,尾随伍女士到嘉兴的火车途中。此时邵逸人对伍女士大抵是怀有热烈的幻想的,白蛇的"腰身""乳峰"都是幻想的情色演绎,而"肿胀的浮尸""露牙狞笑"则暴露了他对伍女士的恐惧厌恶心理。这是男性对女性诱惑的抵抗性表达,他们从精神到肉体都受制于女性的压抑感在臆想中得到释放。在他们的臆想中,女性是"银蛇""山猫"这样的不可理喻的"异类",她们是能吸人精血的魔鬼。这折射了男性在两性关系中的败北感,也是男性对脱离自己掌控女性的虚弱报复。

(二)疾病叙事的"天谴"意味

激情女性人物听从身体获得较男性人物更加强大的行动力,她们控制两性关系的进程,抛掷其他身份角色,很少受道德的煎熬,唯有疾病是她们常常遭遇的困境。欲望化的女主人公几乎都是在身受病痛的折磨之后,难逃死亡的结局。如《苔莉》中的苔莉患歇斯底里症、妇人病;《最后的幸福》中的美瑛患歇斯底里症、神经衰弱症、妇人病,在小说结尾黯然死去;《痴恋日记》中"我"在日本贫病交加;叶灵凤的《肺病的初期患者》,章衣萍笔下的有妇女病、肺病的女性……很多女主人公致死的主要原因是由于"在健康上已经绝望"(张资平语)。

和茅盾、蒋光慈笔下的新女性一样,性病是激情女性追寻性爱自由的代价。早期普罗小说中的性病具有双重意味：一方面是新女性追求自由彰显生命力的表征，另一方面是对她们"堕落"的惩罚。这种"堕落"往往与背离革命同步，而身体上性病的痊愈又具有政治上重新"圣洁"的意义。《冲出云围的月亮》（蒋光慈）中的王曼英因对革命的失望，转而以肉身报复社会，她的性病痊愈之时就是她"重回革命队伍"的时候。小说结尾借男主人公的眼睛看到素面朝天的王曼英走在工人队伍中。这里，"革命"最初的动力虽然借性来体现，但当"革命"发展了，性自身的颠覆力量转而威胁革命，因此革命必须消解情欲，才能将人物完整纳入自己的体系。王曼英性病的"痊愈"标志着以牺牲压抑个体情欲为代价的革命话语的胜利。正是那个"穿着蓝花布衣服的女工"，不再具有女性性别特征的王曼英，才能最终融入"工人大众"中去。

　　海派的"疾病叙事"分明不具有这样的政治功能，它更多地带有传统道德的"天谴"意味。人物所患的歇斯底里症与神经衰弱症显然来自以弗洛伊德主义为主的心理学理论，但弗洛伊德认为上述病症的起因是自然性欲的无法满足。而在张资平的恋爱小说中，人物恰恰是由于纵欲过度才患上此类病症的。在自然本能的驱使下，恋爱中的人物无节制地追求自由的结合和性欲的满足，造成身体不可逆转的损伤。

　　由于对男女角色的重置，女性人物在情欲追求中呈主动姿态，叙事者也便要求她们更多地承担起获病的责任。在小说叙事中，可以看到男性主人公对女主人公常称之以

"妖妇""祸水"。而女主人公似乎也认可这样的判断。她们内心自怨自艾，在性的方面更加曲意逢迎。这里的女主人公已经不是追求爱情正当权利的新女性，而成为带给男性主人公罪恶感和疾病的"祸水"，因此就必须遭受痛苦与死亡。此类故事中，女主人公总是患妇人病或者做人工流产，这是她诱惑男主人公而受到的惩罚。患妇人病会影响她的生育能力，而人工流产则剥夺了她生育子女的权利。无论是哪种惩罚，都是对她女性角色的否定。

疾病叙事的"天谴"意味一方面体现着男性对溢出控制的女性的报复，另一方面也是市民价值对非理性情欲的规约。张爱玲对战时香港情欲放纵的感受颇能体现市民立场的实用理性："这一类现象给人不同的反应作用——会使人悚然回到孔子跟前去，也说不定。到底相当的束缚是少不得的。原始人天真虽天真，究竟不是一个充分的'人'。"市民价值中根深蒂固的折中传统，使海派作家的新女性重又落入"红颜祸水"的圈套。诚如王安忆所言："它（市民社会）不让人沉沦的同时，它也不让人升华。"[①] 日常情境中的新女性，毕竟没法如摩登场景中的女性那样完全跳脱出伦理秩序，她们最终受到疾病的"天谴"，成为美艳而又有害的"尤物"。对女性妖魔化的书写，其实是女性情欲化书写的"一体两面"，它既表现了市民价值观对女性解放的疑虑，又是男性对脱离掌控女性的虚弱报复。

---

① 王安忆：《老城厢的出发》，《读书》2006年第6期。

总体来说，在相当集中的日常情欲主题下，海派作家为我们提供了情欲化、妖魔化的激情女性形象。这些女性既是男性欲望化的对象，自身亦有一定的自主演绎空间。这与茅盾为凸显男性眩晕感而设置的"新女性"和海派作家感觉化叙事中被抽平心理感受的"摩登女性"有着明显的不同。她们的自我演绎尽管是在男性叙事者居高临下的监管之下，客观上满足着男性的消费心理，但情欲的"非理性"赋予她们的巨大激情动力使得她们能够在一定程度上脱离叙事者的掌控，依据自身的生命逻辑推进叙事。尽管她们因此"获罪"，受到男性叙事者的惩戒和市民价值的规约，但她们情欲张扬的姿态仍然像一个锋利而悲伤的手势留在海派文学叙事中。

第三节　想象中国的新途径

"新文学作家下海"是个颇有意味的文化现象，海派作家在"众生批评"中完成了一次并不华丽的转身。他们对既有叙事模式的改写，也许艺术上并不算成熟；他们媚俗的文化取向，也阻碍了自身的审美进程，但他们的尝试的确开启了一条异于主流叙事的想象中国的途径。

一 日常生活的重建与情欲的极致想象

安东尼·吉登斯在《现代性与自我认同》一书中认为，现代性的追求者往往会通过两条不同的政治途径而抵达同一目标，一种称之为"解放政治"，一种称之为"生活政治"。前者以建立新型的国家为目标；后者则靠改变日常性生活模式为宗旨。① 海派作家正是企图通过对日常两性关系的叙述，来设置个人生活情境，扩张个人情感欲望的诉求，并借助"生活政治"的策略，参与政治和文化的"现代性"建设。

郁达夫称"五四运动最大的成功，第一要算'个人'的发现"②。海派的贡献之一则是对日常化情欲主题的引入。启蒙话语下，情欲不但关乎个体命运，更关乎国族感受。郁达夫笔下那具有偷窥欲、色情狂倾向的男主人公之所以能够超越一般性的道德谴责，是因为他的欲望不满及由此引发的焦虑颓废都带有"弱国子民"的投射。"娜拉"们争取的并不仅仅是个体的自然需求，更多的是个体尊严独立的获得，而个体作为"人"的独立是现代公民的前提，"立人—立国"是那个时代知识分子难以超脱的希冀。从三纲五常中解放出来的情欲又进入另一个"圣洁化"的编码过

---

① ［英］吉登斯：《现代性与自我认同：现代晚期的自我与社会》，赵旭东、方文译，生活·读书·新知三联书店1998年版，第247—248页。
② 郁达夫：《导言》，《中国新文学大系·散文二集》，上海文艺出版社1981年影印本，第5页。

程。革命的"放恣"与恋爱同源，巨大的狂欢性使得二者结盟。① 然而革命最终仍要操纵恋爱的得失，其凌驾于个体需求之上的权威与传统意识吻合。情欲的"二度压抑"是实用哲学下的吊诡现象。在这样的语境下，我们似乎可以理解那些有着新文学或革命作家背景的海派作家，他们对现有叙事模式的改写下隐藏的是日常情欲主题，这殊途同归的指向在"近商""媚俗"之外有着其他企图。

作家对日常情境的设置大概是出于"还原情欲"的愿望，但他们的愿望过于迫切，似乎有"矫枉过正"的倾向。他们对情欲主题"去意识形态化"，但并未将其彻底庸常化，等同于吃饭睡觉等自然需求，他们走向扩张情欲不可掌控的一面。柴米油盐、插科打诨下的情欲失去了救赎功能，人物顺从本能的疯狂表演还原了情欲非理性的特质。情欲重新彰显了它的控制力，作为唯一的现场权威驱动叙事。女性人物的激情引诱，男性人物的欲罢不能，极致放纵之后归于毁灭，那不是其他意识形态压抑下的呻吟，而是情欲非理性机制的惊声尖叫。与20世纪90年代同样热衷情欲书写却高度关注个人体验的作品相比，海派作家们更重视情欲对叙事的强大推动力，他们不关注情欲本身的多层次体验。在他们笔下，情欲始终像一枚高速运转的陀螺，缺少跌宕起伏的变化，它总是在高速运转中耗尽自己，继

---

① 张爱玲说"真的革命与革命的战争，在情调上我想应当和恋爱是近亲，和恋爱一样是放恣的渗透于人生的全面……"（见张爱玲《自己的文章》,《流言》,北京十月文艺出版社2006年版，第15页）。

而走向毁灭。

二 激情女性与女性形象的改写

如本雅明所言,女性、异己的身体,历来是男性行使幻想的宝贝清单,女性人物是男性想象情欲的符号。出于对情欲想象的夸张,苔莉、伍昭雪们必然也是夸张的。作家不重视情欲的外在制约,于是他们的女性人物情欲心理十分单一,多重身份对她们的现实选择不构成影响。她们在两性关系中的自主能动,一定程度上的自我演绎正是她们作为欲望符号对情欲书写所起到的夸饰作用。而男性人物则以相对的"弱势""被动"姿态承担着放纵时的焦虑。女性人物情欲化与妖魔化的并存,表征了男性对脱离掌控的情欲的焦虑。当这焦虑在情欲自身运行机制中无法排遣时,叙事者就伸出"命运"之手,以具有"天谴"意味的疾病对女性/情欲施以惩戒。

这些激情女性的"娜拉"前身、情欲张扬的姿态很容易将读者的阅读带入互文语境,但仔细考察就会发现她们与新文学女性形象之间存在的断裂和缝隙。这些"似曾相识"却又"似是而非"的女性形象,包含着海派作家"别有用心"的企图。

庐隐、冯沅君等"五四女儿"纠结于情智激战。启蒙话语赋予她们"理念人""主义人"的色彩,她们每一次的选择都伴随着居高临下的理性检阅。"自由的爱情已不仅仅是一种与环境不相容的情感现实,而且是一种必须坚持并为之献身的信念……爱情也是一种与污浊世界追名逐利相悖的高尚使命……同时,爱情还是一系列行动计划和行为方式……"① "与其说是一个男人和一个女人的恋爱故事,毋宁说是男女二人以恋爱方式共同构起一座反封建叛逆的故事。"② 爱情话语已经脱离私人空间,成为意识形态的神话。这样的爱情神话放逐了情欲的想象,规避了人的肉身欲望,在一方"天然"缺席的情况下完成了灵肉二分的设置。

五四女作家对情欲主题的回避,既有欲说还休的羞涩,更有推崇精神的主观意图。与女性人物强大理性思辨相对应的是她们柔弱的身体,露莎(庐隐《海滨故人》)的"哲理病"便是精神挤压肉体的极端表现。而在海派作家笔下的"苔莉"们身上,女学生的身份只是个幽远的背景,她们已经不复言说理性的热情,高蹈的精神追求像扔进深谷里的石子,远得连回音都无法听到。她们几近于现代的"潘金莲",专事性爱钻营,心念魂系的是"依附一个男人"。她们以性为武器捆缚男性,不惜曲意逢迎。在这里,作家让主人公披着恋爱的外衣,打着个性解放的旗号,进行了一场实质上的欲望的追逐,以相当世俗的方式消解了五四纯美的爱情神话。

---

① 孟悦、戴锦华:《浮出历史地表:现代妇女文学研究》,中国人民大学出版社2004年版,第48页。
② 同上。

海派笔下女性的激情姿态似乎与早期普罗小说中的"新女性"颇为接近。她们都勇于直面自己的欲望，并且敢于付诸行动。早期普罗小说中大体有两种肉欲张扬的"新女性"：一种是王曼英（蒋光慈《冲出云围的月亮》）式的"堕落"，内心却痛苦挣扎的女性；另一种是以孙舞阳、章秋柳（茅盾《蚀》）为代表的，始终保持高昂姿态，接受新性爱道德的女子。前者经由精神的激战最终达到肉体/精神的双重"痊愈"，重新获得个人生活和革命活动的双重合法。后者虽然狂狷、任性，有时颇遭非议，但在叙事者和男性主人公眼中，她们始终开化而不淫乱，其行为具有高度的正当性。章秋柳用肉体的狂欢拯救病弱的同志，孙舞阳利用美貌带来的便利推进革命工作，情欲作为革命的工具为女性人物撑起了保护伞。与这种赋予情欲化人物正当性的叙事不同，早期海派的女性人物似乎又回到封建传统意识的"祸水"套路上来。她们对男性的诱惑和逼迫，她们的步步为营，都使之逐渐丧失了"合法性"，她们作为"新女性"的面目模糊了。她们不能够如章秋柳一般跳出文化传统对性的规定；她们的情欲诉求不再是个体的满足，而是回到父权制之下对"性"的专属要求。因此，她们的形象不再具有茅盾笔下那种眩晕式的单纯美丽，而是呈现出情欲化和妖魔化并存的独特景观。

早期海派作家就这样消解了五四以来的爱情神话，回到肉身叙事；他们同时以妖魔化的叙事取消了女性情欲行为的正当性。这是对新文学女性人物"别有用心"的改写。

这些女性人物形象显示出新旧驳杂的特点：她们既是披着"革命""恋爱"外衣的俗女子，相当程度上又具有人本主义色彩，日常化、情欲化的激情女性是海派作家在自身叙事理路上为文学提供的新想象。

日常情欲主题的开启，连同它的"矫枉过正"都为海派后来的日常化叙事提供了经验。张资平等人意识到"理性设计"的局限，他们向日常生活回落，塑造情欲化的女性形象，以对情欲的极致想象凸显非理性世界的无法救赎，后来的海派平民世界的书写正是沿着这一思路展开的。

施蛰存延续了海派作家对日常情欲的关注。但与海派对情欲的极致想象不同，施蛰存让这小小的情欲火花悄悄点燃又悄悄熄灭。《春阳》《雾》都只是发生在心里的故事。婵阿姨被上海骄阳点燃的一丝欲望很快回落到金钱的算计上，素贞小姐一路现代"才子佳人"式的幻想，在传统观念对现代职业的误解中破灭。《狮子座流星雨》中的佩珊夫人对丈夫的不满足也只能转化为在电车上对肉体接触的暗暗渴望，最多偷偷欣赏管门巡捕健壮的身躯，梦境中的流星满怀象征着情欲的释放，而她能够名正言顺地疏解自己的途径也不过是打定主意"今天夜里再看"[①]。情欲在这些女性身上丧失了驱动力，只能像一场白日梦般自生自灭。施蛰存看到了情欲发生的非理性，但他更看到了情欲实施的现实性。传统荫蔽下的女性不可能具有苔莉那样的决绝

[①] 施蛰存：《狮子座流星雨》，《十年创作集》（下），人民文学出版社1991年版，第13页。

姿态，尽管疏离了宏大话语的压抑，日常生活自身分泌的千丝万缕的柔韧仍将情欲捆绑得封闭如茧。施蛰存写的都是面目平和的"善女人"①，她们小小的"不善"毕竟像阳光下的露珠倏忽不见，她们最终无力如苔莉一般溢出自己的生活轨道。

如果说施蛰存还将情欲包裹得不温不火，偶尔信子般的火苗一吐也不伤筋动骨，张爱玲则将情欲放置在权力场中，情欲极度压抑后变成一条真毒蛇，嗜人嗜己。张爱玲首先对波澜不惊的日常场景进行改造。就像她后来那幅著名的封面，那是一个现代人窥视下的传统闺阁场面，流露着鬼魅一样的不安气息。②"这时代，旧的东西在崩坏，新的在滋长中。但在时代的高潮来到之前，斩钉截铁的事物不过是例外。人们只感觉日常的一切都有点儿不对，不对到恐怖的程度。"③ 因此曹七巧不可能是决绝的新女性，她只能生活在姜家潮湿阴暗的鸦片烟雾里。她也曾有过放纵的快乐日子，"十八九岁做姑娘的时候，高高挽起了大镶大滚的蓝夏布衫袖，露出一双雪白的手腕，上街买菜去。喜欢她的有肉店里的朝禄，他哥哥的结拜兄弟丁玉根、张少泉，还有沈裁缝的儿子"④。但她只能日夜挨着"软的、重

---

① 施蛰存将自己的短篇小说集命名为《善女人行品》，这是作者对作品中女性人物总括性的概括。
② 张爱玲《传奇》初版本封面。
③ 张爱玲：《自己的文章》，《流言》，北京十月文艺出版社2006年版，第14页。
④ 张爱玲：《金锁记》，《倾城之恋》，北京十月文艺出版社2006年版，第174页。

的，就像人的脚有时发麻了"那样的肉身①，她曾近乎跪地乞求一般求情欲的救赎，但她最终只能像"玻璃匣子里的蝴蝶标本"被一点点风干。她的金钱欲不是葛朗台那样的偏执，而是那"迸得全身的筋骨和牙根都酸楚"的"按捺"的转移，情欲在极度压抑之后变身为权力的同谋。小说结尾曹七巧推镯子的细节充满了象征意味：随着情欲的转移，丰泽的肉身委顿了，直至形销骨立。张爱玲继承了海派关于情欲力量的书写，但她不写情欲力量的直接迸发，而是兜转兜远，让情欲如地火般奔突，变了个身在日常生活中实施它毁灭式的暴力。因此张爱玲笔下的女性人物往往于常态中露出变态，平凡中现出丑怪。

综上所述，新海派作家对日常情欲主题的开启，对日常化情欲的极致想象，提供的激情型女性构型，为后来的海派叙事提供了艺术经验；他们接近情欲主题的低姿态，对常识常情的推重，对人本能欲望的宽容则为文学对日常生活的书写提供了新鲜的思路。

---

① 张爱玲：《金锁记》，《倾城之恋》，北京十月文艺出版社2006年版，第136页。

结　语

　　历史像个怪兽，总是与我们的记忆持续博弈。今天的视野容易限制历史的边界：当我们以今天的小资文化为底色去畅想20世纪30年代的电影院、咖啡馆，往往忘记那里面也有马克思所谓的"职业密谋家"；当我们以今天的消费文学尺度去衡量海派文学创作，津津乐道于叶灵凤和穆时英的电影画报，就忽略了前者不久前还面临风声鹤唳的追捕，后者则为他的国家献出了值得珍视的"名誉"以及年轻的生命。历史的打捞无法"一劳永逸"，历史的真相也"无处送别"，唯有借助一次又一次的"重写"，进入记忆，另辟新章。

　　本书可以看作一次对海派文学的"重写"尝试。鉴于以往海派文学研究都市主义/消费文化的既定视角，这个"重写"更加着意于对海派文学的"政治性"发掘和凸显。

　　考察"海派"与"文学"初次结缘的"京海之争"，

"海派"这个词汇在当时涵指的复杂令人惊讶：它大体上是用来指称创作上的粗制滥造、自我炒作、窃文抄袭等不良风气；今天被我们视为"海派"作家的杜衡等人曾经被明确排除在外；由于"何徐事件"的恶劣影响，左联一度也被冠以"海派"的恶谥；一年之后再次掀起的对"海派"的批评其实已经游离了当初的讨论核心，主要是针对"小品文"的复古倾向。大体说来，"京海之争"有一个基本共识，即"海派"的贬义色彩。无论是代做抄袭的恶劣行径，还是"听雨吃茶"的"名士才情"，都被归结在"海派"这一"恶谥"之中。然而，出于对海派文学研究对象的价值构建，"海派"的贬义色彩被有意剔除；出于寻找"城市偶像"的意图，上海与"现代主义""消费文化"的关联被凸显，与之伴随的是一个"去政治化"的"海派"概念的生成。

　　这样的概念涵指预设了进入研究的视角和范式：从都市文化/消费文化视角，沿着"物质文化—思想文化"的思路去寻找"物"与"文"的一一对应，易于随之生成的是消费主义的价值立场。解志熙和张勇对海派文学的重新"命名"体现了研究者对这一价值立场的反拨，但大体来说仍未跳脱出既定的研究范式。这种研究范式造成了海派文学自身一成不变，并且与左翼文学初始对立的刻板印象，在理解20世纪30年代知识分子命运和时代思潮的互动方面尤为无力。海派文学研究有必要回到一个朴素的常识中来——将作家还原到具体的历史语境中，来考察他们自身的身份角色和创作流变,将文人的"政治性"作为考量的应有之义。

当海派文学的"消费主义"印象过度膨胀之后,他们创作流程中一些与之不符的倾向变得不太容易理解,比如张资平的"革命+恋爱"小说,穆时英《南北极》和新感觉派的两极写作,施蛰存、杜衡的早期普罗文学创作,如何理解这些作品中的"革命"因素成为问题。通行的解释是,左翼文学是当时风行一时的创作潮流,海派作家们不过是"追新求异"的"戏仿",其内里仍然是面向市场。这个判断很大程度上是立足于对作家的"海派"身份的认定,但是"身份"本身是一个具有流动性的概念,它并非铁板一块、一成不变。1928年之于中国现代文学是个特殊的年份,一场革命文学论争的开始征兆着文学风貌的变革。透过这个历史节点,我们却发现了"海派"作家的左翼"前身"。在这一年,他们开办新书店,出版发行左翼色彩的刊物,写作反映阶级革命的小说,他们的活动与创作与当时的左翼作家并无太大差异。也与大多数左翼作家的遭遇一样,他们的文学活动和事业都屡屡遭到查禁。与冯雪峰、潘汉年等人的亲密交往也某种程度上助长了他们的左翼倾向。

就是这样一群与左翼文学初始亲密的青年人,后来却与左翼文学渐行渐远,乃至分庭抗礼,这样的"离散"主要是经由一次次文艺论争变得显豁。"第三种人"之争是20世纪30年代著名的文艺论辩,虽然论辩当时以双方的"和解"而告终，但这场论争的余音未绝，波及深远。在《叛徒》的"时代境遇"、《庄子》《文选》之争、穆时英的爆得大名和旋即被猛烈批判中都可以聆听到这次论争的余响。写作《叛徒》时的杜衡也许只不过是想纪念自己挥之不去的革命"情意结"，那些虚构也是"有本可考"，并非"空穴来风"（与瞿秋白事件的暗合就是一例），所谓"抹黑革命，服务敌人"倒也未必，然而他对革命的体悟终嫌浅显，过于世俗化的理解将一切都归结为琐碎和虚无。施蛰存在《庄子》《文选》之争中的"对号入座"和急躁心态未必不带有自我认定的"集团意识"。左翼文坛对穆时英的批评除了源于作品本身，更与对其"第三种人"身份的反感有关……海派作家对左翼文学的疏离不仅仅源于对创作技法的考量，也与政治意识和人事情感方面的微妙变化有关。

在这样的基础上，我们能够更加深入地理解海派作家创作上的"变异"。伴随着与左翼文学的"疏离"，海派作家们在创作上也"独树新帜"，走上一条书写"饮食男女""伦常日用"的道路。正是由于与左翼文学和五四新文学的"共生关系"，转型期的海派作家才如此热衷于借用原有的叙事主题和模式；同时文坛身份的变化、政治意识上的"疏离"以及商业环境的影响又使得他们将这些资源引向与左翼文学决然相悖的价值立场。左翼主张描绘"农村""工厂"，海派则以小资产阶级和中产阶级生活为表现场景；左翼清算"革命＋恋爱"，海派则张扬情欲，为日常生活"正名"。

如果考虑到海派作家与左翼文学的"前世今生",再来反观他们看似与政治无涉的创作,不得不怀疑他们对世俗化、情欲化格外钟情的因由——除了对市场的迎合,是否也有对左翼文学的有意背离。

本书的考察并非试图否定海派文学区别于左翼文学和京派文学的"消费性""都市性"特征,只是想说明一个简单的"常识"——文学流脉之间常常是斑驳胶着的,所谓的"泾渭分明"并不存在,中国文学无法逃逸政治,特别是涉及具体的"人"和"文"。相较于京派和左翼,海派文人中"附逆""落水"的不在少数,姑且不算穆时英,有名的还有张资平、章克标和刘呐鸥;面对新政权,还有杜衡这样的国民党的坚决跟随者,后来更有张爱玲的短暂"观望"和远走异乡。① 世易时移,鲁迅婉转的规劝和革命文学家强硬的"命令"却都被"吊诡"地实现了:没有谁能当成"第三种人",他们最终"不是站在这边,就是站在那边"。

1933年,新年伊始,《东方杂志》上刊发了一篇《迎一九三三年》的文章,追忆刚刚过去的一年:

> 就民族对外的地位来说罢。日本帝国主义的铁蹄蹂躏了东北三省还不够,而且又在淞沪一带占领了四个月之久。至今闸北,吴淞,江湾,浏河,太仓一带

---

① 当然,反例也有,比如施蛰存等人的留守大陆。

城市为废墟,疮痍未复。东北义勇军频年苦战,终因饷尽援绝,一部分忠勇的义士,为日军压迫,退入西伯利亚。日帝国主义还不满足,又在热河天津,几次示威。在长春又居然建立了"劣货"的小朝廷,贻羞中国民族。这都不算,最大的耻辱,是被人污蔑为"无组织无统制的国家",而且还是被国际联盟所派遣的委员团,公然斥责,指中国纷乱为世界和平的罪人,这样地开了国际共管之端。

在看内部的情形怎样?一九三二年依然为内部纷乱之年。当局虽然以精诚团结自矢,可是中枢屡易要人,各省频起内战。鲁战之后,继以川战。剿匪虽告胜利,而长江流域伏莽未绝。工业建设,仅见具文,而农村经济已日渐崩溃。①

民族危亡,内外交困。让人不禁揣测跑马场、回力球、月份牌、跳舞厅,这些现代化的器物究竟在作家的生命中有多少分量?在非常政治化环境中进行"去政治"的书写,这本身是否意味着最大的政治化?

当然,20世纪30年代文学的"政治化"不仅仅表现为左翼一端,至少还有民族主义文学运动,限于能力和学养,未能在文中兼顾、展开论述,这是后续研究将要努力的方向。

---

① 仲逸:《迎一九三三年》,《东方杂志》1933年第30卷第1号。

参考文献

一 文集、史料

《现代》。

《文学》。

《东方杂志》。

《申报·自由谈》。

《大公报·文艺副刊》。

《论语》。

《人间世》。

《太白》。

《芒种》。

《创造月刊》。

《文化批判》。

《乐群》。

《春光》。

《北斗》。

《洪水》。

《幻洲》。

《读书杂志》。

《无轨列车》。

《新文艺》。

《现代小说》。

《文艺画报》。

《真善美》。

《金屋》。

《狮吼》。

《绿》。

陈福康、蒋青山编：《章克标文集》，上海社会科学院出版社2002年版。

陈子善、徐如麒编选：《施蛰存七十年文选》，上海文艺出版社1996年版。

戴杜衡：《一个被迫害的记录》，《鲁迅研究动态》1989年第3期。

窦康：《戴杜衡先生年谱简编》，《新文学史料》2004年第1期。

杜衡：《怀乡集》，现代书局1933年版。

杜衡：《叛徒》，今代书店1936年版。

杜衡：《石榴花》，第一总书店出版 1928 年版。

杜衡：《旋涡里外》，上海良友图书印刷公司 1937 年版。

郭沫若：《郭沫若全集·文学编》第 12 卷，人民文学出版社 1992 年版。

姜德铭主编：《中国现代名家名作文库·章衣萍卷》，中国戏剧出版社 2001 年版。

康来新、许秦蓁编，彭小妍、黄英哲编译：《刘呐鸥全集》，台南县文化局 2001 年版。

孔另境编：《现代作家书简》，生活书店 1936 年版。

李何林编：《中国文艺论战》，陕西人民出版社 1984 年版。

刘呐鸥、章衣萍著，方忠编：《痴恋日记》，中国华侨出版社 1997 年版。

刘呐鸥：《都市风景线》，水沫书店 1933 年版，百花文艺出版社 2005 年影印版。

刘呐鸥：《刘呐鸥小说全编》，学林出版社 1997 年版。

楼适夷主编：《创作的经验》，天马书店 1933 年版。

鲁迅：《鲁迅全集》，人民文学出版社 2005 年版。

茅盾：《茅盾全集》第 20 卷，人民文学出版社 1990 年版。

茅盾：《茅盾全集》第 34 卷，人民文学出版社 1997 年版。

穆时英：《白金的女体塑像》，现代书局 1934 年版，时代文艺出版社 1996 年影印版。

穆时英：《公墓》，现代书局 1933 年版，上海书店 1986 年影印版。

穆时英：《南北极》，现代书局 1933 年版，现代书局 1988 年影印版。

倪墨炎：《现代文坛灾祸录》，上海书店出版社1996年版。

瞿秋白：《多余的话》，《瞿秋白文集》（政治理论编）第7卷，人民文学出版社1993年版。

沈从文：《沈从文全集》第11卷，北岳文艺出版社2002年版。

施蛰存、张天翼等：《旅社及其他》，上海良友复兴图书公司1940年版。

施蛰存：《北山四窗》，上海文艺出版社2000年版。

施蛰存：《灯下集》，开明书店1937年版。

施蛰存：《梅雨之夕》，新中国书局1933年版。

施蛰存：《沙上的脚迹》，辽宁教育出版社1995年版。

施蛰存：《上元灯》，水沫书店1929年版。

施蛰存：《施蛰存海外书简》，大象出版社2008年版。

施蛰存：《施蛰存全集》，华东师范大学出版社2011年版。

施蛰存：《十年创作集（上、下）》，人民文学出版社1991年版。

施蛰存：《晚明二十家小品》，光明书局1935年版，上海书店1984年影印版。

施蛰存：《文艺百话》，华东师范大学出版社1994年版。

史秉慧编：《张资平评传》，现代书局1932年版。

苏汶编：《文艺自由论辩集》，现代书局1933年版。

徐仲佳：《张资平著译年表》，《新文学史料》2002年第4期。

严家炎、李今编：《穆时英全集》，北京十月文艺出版社2008

年版。

严家炎：《新感觉派小说选》，人民文学出版社 1985 年版。

叶灵凤：《白叶杂记》，光华书局 1927 年版。

叶灵凤：《读书随笔》，生活·读书·新知三联书店 1988 年版。

叶灵凤：《读书随笔》，杂志公司 1946 年版。

叶灵凤：《红的天使》，现代书局 1932 年版。

叶灵凤：《时代姑娘》，四社出版部 1933 年版。

叶灵凤：《叶灵凤小说全编（上、下）》，学林出版社 1997 年版。

叶灵凤：《永久的女性》，大光书局 1936 年版。

郁达夫编选：《中国新文学大系·散文二集》，上海文艺出版社 1981 年影印本。

张爱玲：《张爱玲集》，北京十月文艺出版社 2006 年版。

张资平：《爱力圈外》，乐华图书公司 1930 年版。

张资平：《北极圈里的王国》，现代书局 1932 年版。

张资平：《冲积期化石》，创造社 1926 年版。

张资平：《飞絮》，创造社 1926 年版。

张资平：《红雾》，乐华图书公司 1930 年版。

张资平：《明珠与黑炭》，光明书局 1931 年版。

张资平：《群星乱飞》，光华书局 1934 年版。

张资平：《上帝的儿女们》，光明书局 1931 年版。

张资平：《石榴花》，上海乐群书店 1929 年版。

张资平：《素描种种》，上海乐群书店 1928 年版。

张资平:《梭拉蔻》,创造社1928年版。

张资平:《苔莉》,创造社1927年版。

张资平:《天孙之女》,乐华图书公司1931年版。

张资平:《跳跃着的人们》,文艺书局1930年版。

张资平:《脱了轨道的星球》,现代书局1933年版。

张资平:《无灵魂的人们》,上海晨报社出版部1933年版。

张资平:《新红A字》,知行出版社1945年版。

张资平:《长途》,上海南强书局1929年版。

张资平:《植树节》,新宇宙书店1928年版。

张资平:《资平译品集》,现代书局1933年版。

张资平:《资平自传:从黄龙到五色》,第一出版社1934年版。

章衣萍:《随笔三种》,现代书局1934年版。

章衣萍:《衣萍文存》,天下书店1947年版。

章衣萍:《樱花集》,北新书局1928年版。

章衣萍著,尚海、小飞编:《情书一束·情书二束》,中国广播电视出版社1992年版。

郑伯奇编选:《中国新文学大系·小说三集》,上海文艺出版社1981年影印本。

中国社会科学院文学研究所现代文学研究室编:《"革命文学"论争资料选编》,知识产权出版社2010年版。

朱光潜:《朱光潜全集》第1卷,安徽教育出版社1987年版。

朱健国:《施蛰存的第五扇窗户》,《文学自由谈》2004年第3期。

二　理论著作

鲍晓兰主编：《西方女性主义研究评介》，生活·读书·新知三联书店 1997 年版。

陈平原：《二十世纪中国小说史》第 1 卷，北京大学出版社 1993 年版。

陈平原：《中国小说叙事模式的转变》，北京大学出版社 2003 年版。

陈顺馨：《中国当代文学的叙事与性别》，北京大学出版社 2007 年版。

耿传明：《"现代性"的文学进程——二十世纪中国文学的动力与趋向考察》，中国文史出版社 2003 年版。

耿传明：《轻逸与沉重之间："现代性"问题视野中的"新浪漫派"文学》，南开大学出版社 2003 年版。

洪子诚：《问题与方法：中国当代文学史研究讲稿》，北京大学出版社 2010 年版。

黄献文：《论新感觉派》，武汉出版社 1999 年版。

解志熙：《和而不同：中国现代文学片论》，清华大学出版社 2002 年版。

解志熙：《美的偏至：中国现代唯美—颓废主义思潮研究》，上海文艺出版社 1997 年版。

旷新年：《1928：革命文学》，山东教育出版社 1998 年版。

李今：《海派小说与现代都市文化》，安徽教育出版社 2000

年版。

李俊国：《中国现代都市小说研究》，中国社会科学出版社 2004 年版。

李玲：《中国现代文学的性别意识》，人民文学出版社 2002 年版。

李欧梵：《上海摩登——一种新都市文化在中国 1930—1945》，毛尖译，北京大学出版社 2001 年版。

李欧梵：《中国现代作家的浪漫一代》，王宏志等译，新星出版社 2005 年版。

李天纲：《文化上海》，上海教育出版社 1998 年版。

李新宇：《愧对鲁迅》，上海三联书店 2004 年版。

刘思谦：《娜拉言说——中国现代女作家心路纪程》，河南大学出版社 2007 年版。

刘震：《左翼文学运动的兴起与上海新书业（1928—1930）》，人民文学出版社 2008 年版。

孟悦、戴锦华：《浮出历史地表：现代妇女文学研究》，中国人民大学出版社 2004 年版。

彭小妍：《海上说情欲——从张资平到刘呐鸥》，中央研究院中国文哲研究所筹备处 2001 年版。

钱理群、温儒敏、吴福辉：《中国现代文学三十年》，北京大学出版社 1998 年版。

乔以钢：《中国女性与文学：乔以钢自选集》，南开大学出版社 2004 年版。

盛英主编：《20 世纪中国女性文学史（上、下）》，天津人民出版社 1995 年版。

［日］丸山升：《鲁迅·革命·历史：丸山升现代中国文学论集》，王俊文译，北京大学出版社 2005 年版。

王德威：《落地麦子不死：张爱玲与"张派"传人》，山东画报出版社 2004 年版。

王德威：《想像中国的方法：历史·小说·叙事》，生活·读书·新知三联书店 1998 年版。

王宏图：《都市叙事与欲望书写》，广西师范大学出版社 2005 年版。

王晓明主编：《二十世纪中国文学史论》，东方出版社中心 2005 年版。

温儒敏、李宪瑜、贺佳梅、姜涛等：《中国现代文学学科概要》，北京大学出版社 2005 年版。

吴福辉：《都市漩流中的海派小说》，湖南教育出版社 1995 年版。

［美］夏至清：《中国现代小说史》，复旦大学出版社 2005 年版。

许道明：《海派文学论》，复旦大学出版社 1999 年版。

严家炎：《中国现代小说流派史》，长江文艺出版社 2009 年版。

杨义：《中国现代小说史》第 2 卷，北京人民文学出版社 1998 年版。

姚玳玫：《文化演绎中的图像：中国近现代文学/美术个案解读》，广东人民出版社 2010 年版。

姚玳玫：《想像女性——海派小说（1892—1949）的叙事》，中国社会科学出版社 2004 年版。

张莉：《浮出历史地表之前——中国现代女性写作的发生》，南开大学出版社 2010 年版。

张岩冰：《女权主义文论》，山东教育出版社 1999 年版。

三　研究论文

陈平原、钱理群、黄子平：《艺术思维》，《读书》1986 年第 2 期。

陈漱渝：《关于杜衡先生的一篇回忆》，《鲁迅研究动态》1989 年第 2 期。

陈思和：《先锋与常态——现代文学史的两种基本形态》，《文艺争鸣》2007 年第 3 期。

程凯：《"革命文学"历史谱系的构造与争夺》，《中国现代文学研究丛刊》2005 年第 1 期。

葛飞：《文人与革命：从"第三种人"问题生发的左翼诸面向》，《中国现代文学研究丛刊》2009 年第 1 期。

葛飞：《信仰与怀疑——论杜衡的长篇小说〈叛徒〉》，《文艺争鸣》2007 年第 5 期。

旷新年：《另一种"上海摩登"》，《中国现代文学研究丛刊》2004 年第 1 期。

李今：《从理论概念到历史概念的转变和考掘——评〈摩登主义：1927—1937 上海文化与文学研究〉》，《中国现代文学研究丛刊》2011年第3期。

李欧梵、季进：《现代性的中国面孔》，《文艺理论研究》2003年第6期。

李新宇：《1928：新文化危机中的鲁迅》，《中国现代文学研究丛刊》2001年第3期。

李新宇：《迷失的代价（上）——20世纪中国文艺大众化运动再思考》，《文艺争鸣》2001年第1期。

李新宇：《迷失的代价（下）——20世纪中国文艺大众化运动再思考》，《文艺争鸣》2001年第2期。

钱理群：《二十世纪三十年代有关传统文化的几次思想交锋——以鲁迅为中心（二）》，《鲁迅研究月刊》2006年第2期。

王彬彬：《两个瞿秋白与一部〈子夜〉——从一个角度看文学与政治的歧途》，《南方文坛》2009年第1期。

王得后：《鲁迅文学与左翼文学异同论》，《鲁迅研究月刊》2006年第2期。

王富仁：《关于左翼文学的几个问题》，《中国现代文学研究丛刊》2002年第1期。

王富仁：《河流·湖泊·海湾——革命文学、京派文学、海派文学略说》，《中国现代文学研究丛刊》2009年第5期。

吴述桥：《论"第三种人"在京海之争中的角色及影响》，《文艺争鸣》2011年第17期。

伍晓明、孟悦：《历史—文本—解释——杰姆逊的文艺理论》，

《文学评论》1987年第1期。

曾华鹏、范伯群:《论张资平的小说》,《文学评论》1996年第5期。

张鸿声:《"上海怀旧"与新的全球化想象》,《文艺争鸣》2007年第10期。

张勇:《"摩登主义文学"研究(上海,1927—1937)》,博士学位论文,清华大学文学,2007年。

附　录

附录一　"京海之争"相关史料目录(1933年10月至1934年5月　1935年4—5月)

周作人:《上海气》,《谈龙集》,开明书店1929年版。

沈从文:《郁达夫张资平及其影响》,《新月》1930年第3卷第1期。

沈从文:《现代中国文学的小感想》,《文艺月刊》1930年第1卷第5号。

沈从文:《论中国创作小说》,《文艺月刊》1931年第2卷第4号,1931年第2卷第5—6号。

沈从文:《〈群鸦集〉附记》,卞之琳《群鸦集》(未出版),1931年4月20日。

沈从文：《窄而霉闲话》，《文艺月刊》1931年第2卷第8号。

岳林（沈从文）：《上海作家》，《小说月刊》1932年第1卷第3期。

沈从文：《〈三秋草〉》，《西湖文苑》1933年第1卷第2期。

沈从文：《文学者的态度》，《大公报·文艺副刊》1933年10月18日。

苏汶：《文人在上海》，《现代》1933年第4卷第2期。

从文（沈从文）：《论"海派"》，《大公报·文艺副刊》1934年1月10日。

曹聚仁：《京派与海派》，《申报·自由谈》1934年1月17日。

徐懋庸：《"商业竞卖"与"名士才情"》，《申报·自由谈》1934年1月20日。

曹聚仁：《续谈"海派"》，《申报·自由谈》1934年1月26日。

青农（阿英）：《谁是"海派"？》，《申报·自由谈》1934年1月29日。

森堡：《文人的生活苦》，《现代》1934年第4卷第4期。

栾廷石（鲁迅）：《"京派"与"海派"》，《申报·自由谈》1934年2月3日。

栾廷石（鲁迅）：《北人与南人》，《申报·自由谈》1934年2月4日。

毅君：《怎样清除"海派"？》，《申报·自由谈》1934年2月10日。

芦焚（师陀）：《"京派"与"海派"》，《大公报·文艺副刊》1934年2月10日。

从文（沈从文）：《关于"海派"》，《大公报·文艺副刊》1934年2月21日。

古明（胡风）：《南北文学及其他》，《申报·自由谈》1934年2月24日。

何家槐：《关于我的创作》，《申报·自由谈》1934年2月26日。

杨邨人：《滚出文坛罢，海派！》，《文化列车》1934年第9期。

清道夫（林希隽）：《文坛丑闻·"海派"后起之秀——何家槐小说别人做的》，《文化列车》1934年第9期。

杜普牢（杨邨人）：《曹聚仁的海派论》，《文化列车》1934年第9期。

李辉英：《清道夫工作没有澈底》，《文化列车》1934年第9期。

曾今可：《谈"海派"》，《文化列车》1934年第9期。

野容：《文学和"天空""暗夜"》，《申报·自由谈》1934年3月3日。

侍桁（韩侍桁）：《何家槐的创作问题》，《申报·自由谈》1934年3月7日。

徐转蓬：《我的自白》，《申报·自由谈》1934年3月9日。

梁辛：《愿闻徐何创作问题的解说》，《申报·自由谈》1934年3月10日。

古明（胡风）：《再论京派海派及其他》，《申报·自由谈》1934年3月17日。

宇文宙：《对于何徐创作问题的感想》，《申报·自由谈》1934年3月21日。

何家槐：《我的自白》，《申报·自由谈》1934年3月22日。

林希隽：《三谈何家槐的创作问题——并质问宇文宙先生》，《时事新报·青光》1934 年 3 月 25 日。

徐转蓬：《答何家槐诬害的自白》，《申报·自由谈》1934 年 3 月 31 日。

徐转蓬：《答何家槐诬害的自白》（续），《申报·自由谈》1934 年 4 月 2 日。

桀犬：《文人对自己的认识》，《现代》1934 年第 5 卷第 1 期。

祝秀侠：《京派人们的丰采》，《春光》1934 年第 1 卷第 3 期。

仰孟：《大学生与海派》，《中央日报》1934 年 6 月 27 日。

韩侍桁：《论海派文学家》，《小文章》，上海良友图书公司 1934 年版。

胡风：《京派看不到的世界》，《文学》1935 年第 4 卷第 5 号。

姚雪垠：《鸟文人》，《芒种》1935 年第 3 期。

旅隼（鲁迅）：《"京派"和"海派"》，《太白》1935 年第 2 卷第 4 期。

姚雪垠：《京派与魔道》，《芒种》1935 年第 8 期。

沈从文：《论穆时英》，《大公报》1935 年 9 月 9 日。

林微音：《文人的派》，《散文七辑》，上海绿社出版部 1937 年版。

魏京伯：《海派与京派产生的背景》，《鲁迅风》1939 年第 16 期。

唐弢：《"名士才情"与"商业竞卖"》，《小识集》，上海出版社 1947 年版。

杨晦：《京派与海派》，郭沫若《人民至上主义的文艺》，上海文汇报馆 1947 年版。

附录二 《庄子》《文选》之争相关史料目录（1933 年 10—11 月）

丰之余（鲁迅）：《感旧》，《申报·自由谈》1933 年 10 月 6 日。

施蛰存：《〈庄子〉与〈文选〉》，《申报·自由谈》1933 年 10 月 8 日。

丰之余（鲁迅）：《"感旧"以后（上）》，《申报·自由谈》1933 年 10 月 15 日。

丰之余（鲁迅）：《"感旧"以后（下）》，《申报·自由谈》1933 年 10 月 16 日。

高植：《识字与用字》，《申报·自由谈》1933 年 10 月 19 日。

施蛰存：《推荐者的立场——〈庄子〉与〈文选〉之争》，《大晚报·火炬》1933 年 10 月 19 日。

致立（徐懋庸）：《一点异议》，《申报·自由谈》1933 年 10 月 20 日。

施蛰存：《致黎烈文先生书——兼示丰之余先生》，《申报·自由谈》1933 年 10 月 20 日。

陈子展：《文选论》，《申报·自由谈》1933 年 10 月 21 日。

曹聚仁：《谈"别字"》，《申报·自由谈》1933 年 10 月 22 日。

陈子展：《再论"文选"》，《申报·自由谈》1933 年 10 月 23 日。

丰之余（鲁迅）：《扑空》，《申报·自由谈》1933年10月23日。

丰之余（鲁迅）：《扑空（续）》，《申报·自由谈》1933年10月24日。

周木斋：《"文学"与"道德"》，《申报·自由谈》1933年10月24日。

陶徒然：《"原谅"和"张目"》，《申报·自由谈》1933年10月25日。

梁园东：《论词藻》，《申报·自由谈》1933年10月25日。

丰之余（鲁迅）：《答"兼示"》，《申报·自由谈》1933年10月26日。

丰之余（鲁迅）：《"扑空"正误》，《申报·自由谈》1933年10月27日。

曹聚仁：《再张目（下）——续谈别字》，《申报·自由谈》1933年10月28日。

余铭（瞿秋白）：《中国文与中国人》，《申报·自由谈》1933年10月28日。

于时夏（陈子展）：《新"师说"》，《申报·自由谈》1933年10月29日。

施蛰存：《突围——答高植先生》，《申报·自由谈》1933年10月29日。

施蛰存：《突围（续）——答陈子展先生》，《申报·自由谈》1933年10月30日。

施蛰存：《突围（续）》，《申报·自由谈》1933年10月31日。

施蛰存：《突围（续）——答丰之余先生》，《申报·自由谈》

1933年11月1日。

茅盾（原文无署名）：《文学青年如何修养》，《文学》1933年第1卷第5号。

施蛰存：《"新师说"异议》，《申报·自由谈》1933年11月2日。

于时夏（陈子展）：《"新师说异议"之异议》，《申报·自由谈》1933年11月3日。

陈子展：《到底推荐给谁呢？》，《申报·自由谈》1933年11月3日。

致立（徐懋庸）：《又是一点是非》，《申报·自由谈》1933年11月4日。

曹聚仁：《再从"别字"谈起——答高植，高明两先生》，《申报·自由谈》1933年11月6日。

元良（鲁迅）：《反刍》，《申报·自由谈》1933年11月7日。

郁达夫：《说公文的用白话语》，《申报·自由谈》1933年11月8日。

罗怃（鲁迅）：《古书中寻活字汇》，《申报·自由谈》1933年11月9日。

子明（鲁迅）：《难得糊涂》，《申报·自由谈》1933年11月24日。

致 谢[*]

终于到了最后的时刻,像所有的音乐盛典的结尾,都少不了惯例的"感谢"。然而在我,这些"感谢"并非寻常,一路走来,有太多的谢意需要表达。

感谢爱我的导师乔以钢先生,没有您的耐心和宽容,我不可能走向人生的下一阶段。学生的懒惰和脆弱为您增添了不少额外的负担,每每念及,内心不安,如果能重来一次,我希望能够做得更好。

感谢王得后先生,若没有您的鼓励,我还在"从文本到文本"的小聪明里打转儿,是您给了我走进史料的勇气,尽

---

[*] 本书是我的博士论文,为了纪念过去的时光,致谢部分附留原稿,不做修订。需要补充的谢意只好放在这里:感谢东北师范大学文学院高玉秋院长以及前院长李洋对本书的支持,学院的支持是本书最终得以面世的重要原因。感谢我的朋友孙洛丹的教促,没有你的吓唬,不知还会拖延到几时。感谢中国社会科学出版社郭晓鸿主任的帮助,成书过程中给您增添了不少麻烦。这本旧作,也是少作,存在诸多不足之处,能力所限,权且放在这里吧。

管"成品"不尽如人意，但"昔我往矣"，仍然值得庆贺。

感谢我的室友张谷鑫，"人生得一知己足矣"，有你，我已经足够。

感谢我的师姐张莉和刘堃，希望我们的"咖啡时间"在未来的岁月里有机会继续。

最后，感谢我的父母和公婆，你们为我提供了强大的经济支持，对我无限宽容。

不能忘记我的丈夫苗露，你一直盼望自己的名字能够荣登"致谢"，现在心愿得偿。你对我近乎"溺爱"的"骄纵"，常常使我忘却自己的真实年龄。人生总若初见，那是多么美好。

言短情长，爱我者、助我者不能一一尽数，在此一并遥祝：

帘外春光好，祝你们永远幸福！

孙　琳
2013 年 4 月 25 日于南开